VOIE POUR TRAMWAYS

Système Léon MARSILLON

BREVETÉ S. G. D. G.

EN EXPLOITATION A LILLE

ÉTUDE COMPARÉE

Avec les divers types de chemin de fer américain

Utilisant le rail plat à cuvette posé sur longrines en bois

AVEC 20 PLANCHES HORS TEXTE

ET UN PLAN DU RÉSEAU LILLOIS

Par Antony COULANGHON

Ancien Élève de l'École centrale des Arts et Manufactures,
Ingénieur de la Cie des Tramways du Nord.

LILLE

IMPRIMERIE ET LIBRAIRIE CAMILLE ROBBE, RUE NOTRE-DAME, 209.

1875

VOIE POUR TRAMWAYS

VOIE POUR
TRAMWAYS

Système Léon MARSILLON

BRÉVETÉ S. G. D. G.

EN EXPLOITATION A LILLE

ÉTUDE COMPARÉE

Avec les divers types de chemin de fer américain

Utilisant le rail plat à cuvette posé sur longrines en bois

AVEC 20 PLANCHES HORS TEXTE

Par Antony COULANGHON

Ancien Élève de l'École centrale des Arts et Manufactures,
Ingénieur de la Cie des Tramways du Nord.

LILLE

IMPRIMERIE ET LIBRAIRIE CAMILLE ROBBE, RUE NOTRE-DAME, 209.

1875

A Monsieur Léon MARSILLON

INGÉNIEUR

Si ce premier travail d'un débutant avait quelque valeur, vous pourriez en être fier, car il est le fruit de vos leçons bienveillantes et éclairées. Tel qu'il est, je suis heureux de vous l'offrir, comme un témoignage de gratitude et d'affection.

A. C.

INTRODUCTION.

Longtemps négligée en France, la question des **Tramways** y devient, de jour en jour, l'objet d'une grande faveur. Ce mode de transport, que les États-Unis d'Amérique et l'Angleterre ont inauguré depuis longues années, et dont la Belgique a doté, plus récemment, ses grands centres de population, commence à être très-apprécié dans notre pays.

L'exemple des villes françaises, qui déjà en ont procuré les avantages à leurs habitants, est de nature, même après une expérience assez courte, à encourager et à activer les efforts de celles qui se sont laissé devancer dans l'application d'un système constituant un progrès à tous égards.

Je crois donc bien faire, en offrant, comme apport de bienvenue à la Société des Ingénieurs civils, quelques idées nouvelles sur un sujet si plein d'actualité. Ce modeste travail n'a pas la prétention d'être un traité sur la matière ; il résume simplement ce que m'ont appris l'étude et la construction d'une voie spéciale, adoptée par la ville de Lille, pour son réseau de Tramways, et je demande pour lui l'indulgence qu'un jeune Ingénieur est en droit d'attendre de ses aînés, qui sont ses maîtres.

Lille, le 1er Juillet 1875.

I.

Essais divers exécutés à Lille avant l'adoption définitive de la voie avec rail et contre-rail.

Le décret déclarant d'utilité publique l'établissement d'un réseau de voies ferrées à traction de chevaux, sur diverses voies publiques de la ville de Lille, dépendant de la grande et de la petite voirie, fut rendu le 4 Octobre 1873. — Le 21 Octobre suivant, par une convention intervenue entre Monsieur Catel-Béghin, maire de la ville de Lille, et Monsieur Philippart, industriel, demeurant à Bruxelles, ce dernier acceptait, pour une période de 25 ans, l'exploitation des Tramways projetés, avec obligation de les construire dans le délai de cinq années, fixé au cahier des charges de l'État.

Grâce aux actives démarches de M. Catel-Béghin auprès du Ministre des travaux publics, démarches qu'appuyait d'ailleurs le vœu unanime de la population, la ratification du traité de rétrocession ne se fit pas attendre, et le 16 décembre 1873, par un décret du gouvernement, M. Philippart était définitivement déclaré concessionnaire, aux lieu et place de la ville.

Fidèle à l'esprit d'initiative qui est de tradition chez elle, et dont les embellissements de Lille, depuis ces dernières années, sont le plus éclatant témoignage, l'édilité lilloise était disposée à admettre tout progrès réel sur les errements antérieurs.

Sans se prononcer d'une manière absolue contre le système de voie avec rail plat à cuvette posé sur longrines en bois, système généralement appliqué jusqu'alors en Belgique, à Paris, au Hâvre, etc., et sur les inconvénients duquel elle avait été édifiée, elle résolut de provoquer des tentatives nouvelles et chargea la Compagnie des Tramways du Nord, à laquelle M. Philippart avait cédé ses droits, de faire exécuter sur une longueur de 300^m empruntée à la voie publique, plusieurs types de chemin de fer américain, se distinguant du type ordinaire.

Voici, en quelques lignes, le résumé des expériences qui furent faites : Je dois observer que le caractère de ces travaux était essentiellement provisoire ; il s'agissait avant tout d'être fixé sur l'effet extérieur des modifications qu'allait subir la chaussée, la question de structure interne des voies devant être l'objet d'études ultérieures plus approfondies.

Deux profils de rails furent choisis pour les essais : l'un trapézoïdal (*fig.* 1), le second à patin, diminutif du rail Vignole (*fig.* 2)

Avec ces 2 rails, on établit : A. — une voie, sans altération du profil en travers de la chaussée ; l'ornière destinée au passage du boudin était formée d'un côté par la face du rail, de l'autre par un léger plan incliné ménagé sur les boutisses qui affleuraient les longrines à l'intérieur de la voie (*fig.* 3 *et* 4).

B. — Une voie comportant une déformation de la route à laquelle on donnait un bombement tel que le boudin des roues passant sur le rail, ne fût pas en contact avec les pavés (*fig.* 5 *et* 6).

Dans ces deux systèmes, les rails étaient assujettis par des tirefonds sur des longrines, assemblées elles-mêmes au moyen de cornières, boulons et tirefonds, avec des traverses également espacées.

C. — Une voie avec ornière métallique invariable, formée par la juxtaposition de deux rails à patin, laissant entre les deux champignons voisins, une largeur suffisante pour le passage des boudins des roues (*fig.* 7).

Les rails étaient, dans cette combinaison, fixés par des tirefonds, sur des tasseaux en bois durci qu'un assemblage analogue à celui des *fig*. 3, 4, 5 *et* 6, réunissait aux traverses.

Sans insister sur le plus ou moins de valeur intrinsèque de ces divers systèmes, rapidement improvisés, et qu'il s'agissait surtout, je le répète, d'expérimenter à la surface, je signale les résultats acquis :

Le type indiqué aux figures 3 et 4, présentait les désavantages suivants :

1° La taille du plan incliné, difficile à exécuter sur un pavé de dimensions ordinaires 17$^{c/m}$/16, nécessitait des boutisses de 27/16/16 qui entraînaient, à leur tour, pour le croisement des joints, l'emploi de boutisses de 0,35/16/16. De là des frais considérables de premier établissement, au double point de vue de l'achat des matériaux en carrière et de la main d'œuvre à laquelle ils étaient soumis.

2° Le passage des voitures particulières menaçait d'épauffrer à bref délai, l'arête supérieure du plan incliné ; il était donc facile de prévoir une déformation rapide de l'ornière, un remplacement fréquent des boutisses qui la composaient, et une certaine difficulté pendant la période d'entretien, pour nettoyer cette ornière, au moyen des raclettes spéciales affectées à cet usage.

La voie avec chaussée bombée, (*fig*. 5 *et* 6) n'exigeait, comme celle de la *fig*. 7, que des pavés ordinaires et des boutisses brutes de 0,27 pour le croisement des joints. — Elle aurait donc réalisé, de ce chef, une économie notable, mais elle n'était pas non plus à l'abri des objections :

1° Les équipages de luxe, qui la traversaient normalement, éprouvaient, à l'entrée et à la sortie, deux soubresauts que la vitesse du véhicule pouvait rendre assez violents, pour briser les ressorts de suspension. Ce fut la cause de réclamations nombreuses.

2° Il arrivait fréquemment qu'un lourd fardier, engagé de deux roues dans l'ornière, le long d'un rail, ne réussissait qu'avec peine et au bout d'un parcours assez long, à regagner les accotements par un effort oblique, en franchissant la dénivellation de 0^m,04, ménagée pour le passage libre des boudins. Cette circonstance, déjà très-gênante sur une voie non livrée à l'exploitation, aurait emprunté une gravité exceptionnelle au fonctionnement régulier des *cars*, qui en aurait éprouvé des perturbations continuelles.

3° Enfin, par suite du passage des chariots dans les conditions ci-dessus, il devait se produire en peu de temps, des divergences entre les profils en long du rail et de l'arête du pavage qui lui était contiguë ; de là, des stationnements d'eau, ou la nécessité d'un relevage constant, appelé à grever le budget de l'entretien.

Tous ces inconvénients disparaissaient par l'application du système de la *fig.* 7, étant admis que la largeur d'ornière ne permettrait pas aux roues des voitures légères de s'encastrer entre les deux rails. L'expérience a établi que ce but était complètement atteint par l'adoption d'un écartement de 30 $^m/_m$, entre les champignons voisins.

Ce modèle de voie offrait en outre cette particularité, avantageuse comme j'espère le démontrer plus loin, de supprimer l'emploi des longrines, innovation appliquée pour la première fois en France et en Belgique, au moins d'une façon pratique.

En l'état de la question, l'opinion de la ville ne pouvait être douteuse, et M. L. Marsillon, Ingénieur civil, Administrateur délégué de la Compagnie des Tramways du Nord, fut invité par la Direction des Travaux municipaux, à lui présenter un projet définitif, consacrant le principe essentiel de la voie à rail et contre rail.

A la suite d'une série d'études, au courant desquelles furent examinés différents types caractérisés, conformément au programme, par une ornière métallique à fond ouvert, et par la suppression des longrines, M. Marsillon arrêta son choix sur le système que je vais décrire, et qui fonctionne à Lille depuis plus d'un an.

II.

Principe de la voie système L. Marsillon, sa comparaison avec les voies américaines, belges et françaises.

Le caractère distinctif de la voie nouvelle réside dans la suppression des longrines et l'emploi d'un rail et d'un contre rail, rendus solidaires par des liaisons spéciales et reposant sur des coussinets en fonte, tirefonnés sur des traverses. On obtient ainsi une sorte de poutre armée, avec une ornière métallique, de largeur fixe, à fond ouvert, permettant l'écoulement des eaux dans le sous-sol et l'évacuation des poussières ou graviers, dont la présence, sur la surface du rail à cuvette, augmente dans une notable proportion, l'effort de traction.

Cette disposition, comparée à celles qu'ont utilisées jusqu'à ce jour les Tramways, s'en distingue, au premier coup d'œil, et au seul point de vue théorique, par une application plus saine des principes de la résistance des matériaux, et, si je puis le dire, par une homogénéité qui la constitue, dans l'acception précise du mot, à l'état de *chemin de fer*, dérivé des voies à locomotives.

Malgré certaines variations peu importantes dans le profil, les rails américains, aujourd'hui en usage, rentrent presque tous, comme le montrent les *figures* 8, 9, 10, 11, 11 *bis*, 12(1), dans

---

(1) Les profils des rails *fig.* 8, 9, 10, 11 *et* 13 sont extraits d'une notice sur les Tramways de la Belgique, par M. E. Raillard, Ingénieur en chef des Ponts-et-Chaussées du département du Nord.

le type d'un fer plat présentant, sur la face supérieure, un évidement de forme variable, destiné à livrer passage au boudin des roues.

L'épaisseur du métal entre le fond de cet évidement et le dessous du rail, est comprise entre 10 et 15 $^m/_m$. La face d'appui du bandage a généralement une largeur de 40 à 45 $^m/_m$ sur une épaisseur de 30 à 35 $^m/_m$. Ces rails sont assujettis sur des longrines au moyen de tirefonds, dont la tête fraisée affleure, en l'épousant, le contour de la rainure. Exceptionnellement, quelques compagnies tendent à adopter un mode d'attache, moins imparfait, qui consiste dans l'emploi de crampons, réunissant sur leurs faces latérales la longrine et le rail ; ce dernier est alors muni de deux oreilles longitudinales qui embrassent la pièce de bois sur une certaine hauteur *(fig. 10)*.

Dans certaines rues des faubourgs de Bruxelles et à Gand, la voie se compose d'un rail convexe à rebords inférieurs, analogue à celui de la figure 13 et tirefonné sur la longrine ; un intervalle ménagé entre ce rail et l'arête des pavés qui le bordent tient lieu d'ornière. Je ne m'arrêterai pas à ce système qui est sujet aux mêmes critiques que ceux des fig. 1 et 2, et participe en outre des inconvénients inhérents aux rails creux, en particulier sous le rapport de l'attache.

Les principaux reproches adressés aux voies qui utilisent le rail à dépression sont les suivants :

a

Le bois figurant comme élément essentiel dans la structure de ces voies, elles sont exposées, par suite des alternatives de sécheresse et d'humidité, à des déformations qui finissent par altérer le parallélisme et nuisent à la régularité d'aspect des deux files de rails.

b

Le passage des cars et surtout des lourdes voitures de la circulation ordinaire, imprime au corps de la voie des vibrations sensibles, dont la répétition fait jouer dans le bois les tirefonds d'attache ; il en résulte, le long des tirefonds, des infiltrations d'eau, qui accélèrent d'autant plus la pourriture des bois, qu'elles s'attaquent à une partie mâchée par le fer et dont la pénétration est plus facile. La longrine cessant alors de former écrou pour le pas de vis, la solidarité du rail et de la pièce de bois n'existe plus que pour la forme. Ce fait est facile à constater sur certaines parties des tramways de Bruxelles, livrées depuis trois ans seulement à l'exploitation.

c

L'ornière étant à fond fermé, il est impossible, même avec des frais considérables d'entretien, de la maintenir dans un état de propreté satisfaisant ; la poussière, le sable ou le gravier des chaussées s'y accumulent au point qu'il arrive fréquemment à la roue des cars, de porter, par le contour de son boudin, sur le fond même de la rainure du rail, au lieu de reposer, par son bandage, sur l'épaulement ménagé à cet effet. Cette pression, répétée sur la partie de moindre résistance à l'écrasement, produit, à la surface de la cuvette, une trace, d'abord légère, qui s'approfondit graduellement et amène la rupture de la barre, suivant une section longitudinale.

Signalons en outre, comme conséquences de ce roulement anormal, un accroissement de l'effort de traction, et une diminution dans la douceur du mouvement de la voiture.

d

Au point de vue des travaux de premier établissement et d'entretien, les systèmes que je passe en revue ne rachètent pas les défauts déjà signalés :

Presque tous les rails à gorge, avec leur profil inférieur accidenté, conduisent, pour le dessus de la longrine, à une opération préliminaire de rabotage, relativement délicate, si l'on s'impose l'obligation de donner au rail une parfaite assise ; d'autre part, l'attache de la longrine sur la traverse au moyen de deux équerres en fer, exige, pour être solidement établie, l'emploi de boulons horizontaux *(fig. 14)*.

Le percement des trous destinés à les recevoir s'exécute d'une manière peu commode, si la pièce de bois est placée sur champ entre les deux cornières déjà tirefonnées, ou demande une manœuvre inutile, si on fore les trous sur la longrine mise à plat.

L'éclissage, qui s'opère en général par l'encadrement, à fleur du bois, d'une plaquette métallique à cheval sous le joint *(fig. 15)*, permet le soulèvement des deux extrémités des rails, pour peu que les tirefonds qui les assujettissent aient pris du jeu.

Au raccordement de deux alignements droits, les longrines, ainsi que le rail, doivent se plier au contour des courbes ; de là, des assemblages qui demandent un soin particulier, se déforment rapidement et finissent par donner à l'arc de cercle l'aspect d'un polygone.

Enfin le remplacement d'une longrine pourrie ou d'un rail avarié constitue un travail de quelque importance ; il nécessite la mise momentanée hors de service d'une certaine longueur de voie, ne peut s'exécuter entre le passage de deux cars, et devient ainsi, pour leur fonctionnement normal, une source d'irrégularités.

L'étude de détail qui va suivre, démontrera, je l'espère, que la voie adoptée pour les Tramways de Lille, comparée à ses devancières, atteste un progrès sérieux.

Il me suffit d'observer dès à présent, qu'elle échappe, par la suppression des longrines, aux reproches qui sont le corollaire forcé de leur emploi ;

Que le rail et le contre rail, ses organes essentiels, sont appelés à un travail en parfaite harmonie avec les lois de la mécanique ;

Qu'ils laissent entre eux un vide naturel invariable, facilitant l'écoulement des eaux dans l'intérieur de la chaussée et susceptible de recevoir, pendant plusieurs jours, sans se combler, les poussières ou détritus qui peuvent y venir de l'extérieur ;

Que le mode d'éclissage, identique à celui qui fonctionne dans les chemins de fer, et le montage des rails sur coussinets permettent, dans l'espace de quelques minutes, entre le passage de deux cars, la substitution à une barre ancienne d'une barre neuve, par le desserrage et la remise en place de dix boulons ;

Que la grande facilité de flexion du rail et du contre rail permet de donner aux courbes un contour géométrique régulier ;

Et, qu'enfin, ce système de voie, sans aucune modification dans ses éléments, par une simple variante de perçage dans les trous des rails et dans l'écartement des traverses, peut à la fois s'adapter à un transport de voyageurs seulement, ou livrer passage en même temps aux wagons ordinaires des grandes conpagnies, avec chargement de 14 tonnes, poids mort et poids utile compris.

III.

Description des divers éléments qui entrent dans la composition de la voie de Lille.—Calculs de résistance.

J'examinerai d'abord le système nouveau, en tant que voie à voyageurs. Il renferme, comme organes principaux, un rail et un contre-rail, dont la figure 16 donne le tracé géométrique. Ces deux pièces ont comme dimensions communes la hauteur 0^m09, l'épaisseur d'âme $0,01$ et la largeur du patin 0^m035. Le rail présente un champignon de 40 $^m/_m$ de largeur distribué symétriquement par rapport à l'axe vertical du profil. Le champignon du contre-rail, large seulement de 0^m025, est déjeté latéralement, de sorte qu'une des faces du contre-rail est parfaitement verticale, depuis le niveau supérieur jusqu'à la naissance du patin. Dans le montage, si le champignon du contre-rail est tourné vers l'extérieur de la voie, la rainure est de 0^m030 (voie à voyageurs); elle prend au contraire une largeur de 0^m045 quand ce même champignon, par un simple retournement, est reporté vers l'intérieur (voie mixte à voyageurs et marchandises). Dans les deux cas, l'écartement de bord à bord intérieur des deux rails, est égal à 1^m445, le même que dans les voies françaises de chemin de fer. Voici le résumé des calculs du moment d'inertie de la poutre armée par rapport à l'axe horizontal qui passe à son centre de gravité. Les surfaces des deux profils qui la composent ont été divisées en éléments trapézoïdaux ou rectangulaires (fig. 17), dont les aires partielles équivalent, par leur somme, à l'aire totale. Je cherche d'abord le moment d'inertie par rapport à un axe horizontal arbitraire, par exemple la ligne zz qui affleure le dessous des deux patins. Les hauteurs H des éléments partiels sont les mêmes dans le rail et le contre-rail; quant aux distances h du centre de gravité de chacun de ces éléments à ligne zz, elles sont composées de la hauteur du centre de gravité de l'élément au-dessus de sa base inférieure B, calculée par la formule : $\dfrac{2 A + B}{3 (A + B)} \times H$ et augmentée de la distance comprise entre la base B et la ligne zz.

Le poids du rail et du contre-rail se déduit de la surface; on a ainsi par mètre courant :

$$\text{Rail} : 7800^k \times 0,^{mc}0018425 = 14^k 37$$
$$\text{Contre-rail} : 7800^k \times 0,^{mc}00144625 = 11^k 28$$

Le perçage des trous réduit les poids à 14 et 11^k. — La distance du centre de gravité du système au-dessus de l'axe zz est égale à :

$$H = \frac{M}{\Omega} = 0^m 0495$$

Le moment d'inertie de la poutre par rapport à l'axe horizontal GG passant au centre de gravité est alors :

$$I_o = I_{zz} - \Omega H^2 = 0,0000029371.$$

Examinons la résistance à la flexion.

Les voitures pèsent environ 1600^k et portent trente voyageurs, plus les deux employés, soit trente-deux personnes, d'un poids moyen de 75^k; la charge totale est donc de 4000^k, soit 1000^k par roue.

Les traverses sont espacées de $1^m 50$ d'axe en axe, et le rail reposant de 8 $^c/_m$ dans le logement du coussinet, on peut admettre l'encastrement; le moment fléchissant est alors égal à :

$$(1)\ u = \frac{1}{8}\ P \times l = \frac{1}{8}\ 1000 \times 1.50 = 187.5$$

La résistance de la poutre complète dans ces conditions est de :

$$(2)\ R = \frac{H \times 187.5}{0{,}0000029371} = 3^k\ 15 \text{ par } {}^m/_m \text{ carré}$$

Le moment d'inertie du rail considéré isolément est de 0,000001697.

La distance de son centre de gravité à la fibre la plus fatiguée est de 0,0521 ; le travail du rail seul, sous la même charge, serait donc de 5^k 70 par ${}^m/_m$ carré ; mais il circule journellement dans les rues de Lille, de lourdes voitures dont le chargement atteint quelquefois 8000^k ; leur passage transversal intéresse à la fois le rail et le contre-rail ; il convient alors dans la formule (1) de doubler la valeur de P, ce qui donne pour R le chiffre de 6^k 30, parfaitement acceptable.

En ce qui concerne la résistance à l'écrasement, elle est pour la poutre entière, et par millimètre carré de section :

$$\frac{2000\ k.}{3288} = 0\ k.\ 6$$

et pour le rail supposé seul chargé, de :

$$\frac{1000\ k}{1842} = 0\ k.\ 54$$

Coussinet, tirefond, boulon courant d'attache.

Le rail et le contre-rail précédemment décrits, reposent sur un coussinet en fonte (fig. 18) de 0^m08 de largeur, présentant deux logements pour les patins et fixé sur des traverses au moyen de deux tirefonds à tête ronde (fig. 19). La tablette supérieure de ce coussinet est surmontée d'un appendice à quatre pointes, sorte d'entretoise destinée à maintenir l'écartement entre le rail et le contre-rail, à travers laquelle passe le boulon courant d'attache, à tête carrée, représenté par la fig. 20.

Les trous qui reçoivent les tirefonds sont placés de part et d'autre de l'axe transversal du coussinet, de manière à ne pas attaquer la même fibre du bois. La hauteur comprise entre le niveau du rail et le dessous du coussinet est de 0 m. 19; il s'en faut donc de 0 m. 03 que le pavé, avec 0 m. 16 de queue, porte sur la traverse.

La section de résistance à l'écrasement est formée de deux rectangles de 0.015 sur 0.08, déterminés par un plan horizontal, mené à 0 m. 485 de la base; le travail par millimètre carré est donc de

$$\frac{2000 \text{ k.}}{2 \times 15 \times 80} = 0 \text{ k. } 83$$

Fourrure-Entretoise.

Dans la voie exclusivement réservée au service des voyageurs, l'écartement des traverses, et par suite des coussinets, est de 1 m. 50; le rail et le contre-rail seraient imparfaitement reliés, si dans cet intervalle, on n'intercalait une fourrure en fonte (fig. 21) qui épouse leurs contours intérieurs et concourt à la formation de la poutre armée par l'intermédiaire du boulon qui la traverse.

Le mode d'éclissage est identique à celui qu'emploient les chemins de fer à traction de locomotives; l'éclisse en fer (fig. 22) est placée à cheval sur un coussinet et maintenue par deux boulons du type de la fig. 23 qui embrassent le coussinet (fig. 28); les joints du rail et du contre-rail sont d'ailleurs distribués en quinconce, à 3 m. 00 de distance les uns des autres, ainsi que le montre le dessin du plan de pose (fig. 24).

Les fig. 25, 26, 27, 28 et 29 indiquent suffisamment, sans qu'il soit besoin de plus amples explications, le montage des différentes pièces qui entrent dans la composition de la voie; l'épure du perçage des trous est donnée par la fig. 30.

Franchissement des courbes; frottements qu'il détermine; disposition spéciale avec fer plat sur le grand rayon.

Dans les courbes à grand rayon, 30 mètres et au-dessus, la construction de la voie reste la même qu'en alignement droit. — Lorsque le rayon tombe au-dessous de 30 mètres (et le réseau de Lille en comporte de 15 m.), la question des frottements s'impose à l'attention et commande des dispositions particulières qui ont pour résultat d'en amoindrir les effets.

Ces effets peuvent être attribués à trois causes différentes :

1º La force centrifuge, qui tend à faire suivre au véhicule la direction de la tangente à la courbe, a pour conséquence de presser le boudin des roues extérieures contre le rail du grand rayon et celui des roues intérieures contre le contre rail du petit rayon;

2º Si, dans les voitures de Tramways, ce qui est le cas le plus fréquent, les deux paires de roues sont calées sur leurs essieux respectifs, le nombre de tours exécutés en courbe est le même sur le grand et petit rayon. Il en résulte, dans les chemins parcourus, une différence qui va en augmentant au fur et à mesure de la diminution du rayon. De là, une série de mouvements de glissement, en avant pour la roue extérieure, en arrière pour la roue intérieure; ces glissements produisent une résistance de tous les instants, qui gêne le mouvement curviligne, en même temps qu'elle fatigue les bandages et la voie. Une combinaison qui permettrait, suivant le rayon de chaque courbe, de transformer le cylindre figuré par l'ensemble des roues d'un même essieu, en un tronc de cône dont l'axe irait passer par le centre de la courbe, ferait disparaître cette cause de frottement;

3° Les deux essieux d'une voiture sont en général montés avec un parfait parallélisme et constituent un cadre rectangulaire rigide, qui ne se prête pas aux mouvements articulés nécessaires à une bonne marche en courbe.

Il est certain en effet (fig. 31) que si, l'essieu d'arrière CD se trouvant encore en alignement, l'essieu AB est engagé dans la courbe, ce dernier tendra à suivre la direction de l'alignement qu'il vient de quitter; les mentonnets des roues s'inscriront suivant une corde (fig. 32) dans la couronne circulaire qui représente l'ornière. Il se produira alors une tendance au déraillement et, pour la vaincre, un frottement considérable des mentonnets contre les rebords de l'ornière.

Ce frottement se manifeste au moment où l'essieu AB commence à entrer dans la courbe; si on imaginait, dès cet instant, la possibilité de rendre mobile, dans un plan horizontal, l'axe de cet essieu, de telle sorte qu'au fur et à mesure de l'avancement, son point milieu E fût toujours, par une série de mouvements de transport vers l'intérieur, maintenu sur la courbe moyenne $m\ m'$, le couple AEB occupant dans ce cas les positions $A_1\ E_1\ B_1$; et qu'en même temps, par une succession de rotations autour d'un axe vertical passant par les points analogues à E_1, le système $A_1\ E_1\ B_1$ par une inclinaison sur le rayon d'origine, prît la position $A_2\ E_1\ B_2$, telle que l'axe de l'essieu fût toujours dirigé vers le centre de la courbe, on arriverait à éliminer cette troisième cause de frottement, au moins pour l'essieu AB.

Dès que le second essieu CD, est, à son tour entraîné dans la courbe, il donne lieu aux mêmes phénomènes et par suite il devrait, comme le précédent, jouir des mêmes facilités de transport et de rotation.

Les conditions à remplir pour éviter cette déperdition de force motrice, ne sont pas complètement réalisables dans le domaine de la pratique. Divers systèmes, poursuivant le but important de favoriser la convergence des essieux, ont été appliqués dans les chemins de fer à courbes raides : tel celui des avant trains mobiles dû à M. Arnoux, et celui qu'ont adopté certains chemins de fer d'Amérique, où le wagon repose sur deux petits châssis formés chacun de quatre roues et pivotant autour de deux chevilles ouvrières.

Nul doute qu'en les appropriant au caractère spécial de ses véhicules, la carrosserie des Tramways parvienne à faire son profit de ces inventions ou à en appliquer de nouvelles. — Le cadre de ce travail ne comporte point semblable étude; je me contente donc d'indiquer les mesures prises dans l'établissement de la voie de Lille, en vue d'atténuer les frottements de toute nature au passage des courbes.

Pour diminuer l'intensité de la force centrifuge et rejeter le véhicule vers l'axe de la voie, la Compagnie des Tramways du Nord remplace la file extérieure des rails par un fer plat, sur lequel porte le boudin; le surhaussement obtenu par cet artifice, est égal, en terrain plat, à la distance comprise entre le dessous du boudin de la roue intérieure et le point de contact de sa jante conique avec le champignon du rail, soit environ 25 $^m/_m$. La configuration des chaussées permet, dans certains cas, de doubler cette dénivellation et d'arriver ainsi à détruire, presque complètement, l'influence de la force centrifuge, déjà atténuée par la vitesse relativement peu considérable des voitures.

Quant aux glissements qui sont la conséquence du développement inégal des courbes intérieure et extérieure, on a recours, pour les combattre, à la disposition suivante :

Chaque essieu est muni d'une roue fixe et d'une roue folle. Les deux roues folles sont naturellement situées d'un même côté de la voiture; il s'ensuit qu'elles parcourent, dans la même courbe, tantôt le côté extérieur, tantôt le côté intérieur, suivant le sens de la marche; dans la première hypothèse, elles tournent plus vite, et dans la seconde, moins vite que les roues fixes qui leur font face; la différence dans le nombre de tours exécutés rachète ainsi l'écart entre les chemins à parcourir et éteint le frottement de glissement.

A vrai dire, six voitures ont été essayées avec quatre roues fixes, mais elles ont donné lieu à un roulement moins doux et à des usures exceptionnelles; aussi seront-elles très-prochainement l'objet d'un montage à deux roues folles.

La convergence des essieux vers le centre de courbure est favorisée par un jeu latéral ménagé entre les coussinets de la fusée et les supports de chassis qui les embrassent; l'effet de ce jeu est d'autant plus sensible que l'écartement des essieux est moindre; or sur les différents types de voitures pour tramways, cet écartement est peu considérable et varie de 1 m. 50 à 1 m. 70.

Le fer plat employé dans la voie de Lille pour les courbes de petit rayon est une poutre à double T de 0 m. 113 de hauteur, de 0 m. 015 d'épaisseur d'âme, à semelles inégales (fig 32). Elle est fabriquée dans les usines de la Providence à Marchienne-au-Pont (Belgique). La semelle supérieure affleure le pavage et présente au boudin une surface de roulement de 0 m. 094 de largeur. La décomposition de la section du fer à double T en aires partielles, conduit, par un calcul analogue à celui déjà fait pour la poutre de la voie courante, aux résultats suivants :

Surface $\Omega = 0^{mc}\,003064$
Moment de la surface par rapport à ZZ $= 0,0002106$
Moment d'inertie approximatif par rapport à ZZ $= 0,000018805$
Hauteur H du centre de gravité G au-dessus de ZZ

$$H = 0^m,0687$$

Moment d'inertie par rapport au centre de gravité :

$$I = 0,000004323$$

L'effort de flexion auquel il est soumis par millimètre carré, est de :

$$R = \frac{H\,u}{I}$$

Le moment fléchissant $u = \dfrac{1}{8} P \times l = \dfrac{1}{8} \times 2000^k \times 1.50 = 375$

d'où $\quad R = \dfrac{0,0687 \times 375}{0,000004323} = 5^k 95$

L'éclissage se fait en porte à faux, entre deux traverses au moyen de deux pièces en fer (fig. 34, 35 et 36), épousant les contours du double T et reliées avec lui par l'intermédiaire de quatre boulons à tête carrée (fig. 37).

Les traverses qui servent d'assise à la voie en courbe, sont munies à l'intérieur d'un coussinet ordinaire et portent, tirefonné à l'autre extrémité, un coussinet en fonte (fig. 38), qui rappelle le premier comme forme générale, mais en diffère par les évidements appropriés à sa destination particulière; il présente en effet un demi-logement pour la semelle inférieure de la poutre, contre laquelle vient s'appuyer un crapaud aussi en fonte, qui complète l'emboîtement du patin (fig. 39); ce crapaud est relié à l'oreille du coussinet, à travers l'âme du fer, par un petit boulon identique à celui de la fig. 37 à part une diminution de 0,015 dans la longueur de la tige.

Cette disposition a donné d'excellents résultats; elle ne laisse rien à désirer sous le rapport de la solidité des attaches et de la stabilité; elle offre en outre cet avantage de se rattacher à la voie courante par son caractère distinctif, l'exclusion de toute pièce de bois, en tant qu'elle aiderait à la résistance du système.

Traversées de voies.

Dans les limites entre lesquelles varie l'angle de croisement de deux artères desservies par les Tramways, il nous sera toujours possible d'installer un système de traversée conservant l'uniformité d'aspect de la voie courante:

Quatre traverses de 2ᵐ30 de longueur (pour la rencontre de deux voies simples) sur 0ᵐ12 de largeur et 0ᵐ10 de hauteur, sont assemblées deux à deux à mi-bois (fig. 40) de manière à constituer un chassis indéformable, dont les axes font entre eux l'angle des deux voies ; le cadre est consolidé par quatre boulons à tête noyée dans le bois.

Des rails et contre-rails du type courant, coupés à longueur et biseautés à leurs extrémités, suivant l'angle du croisement, sont réunis à ces traverses au moyen de vingt fourrures en fonte de forme spéciale (fig. 41).

Les fourrures portent en leur milieu un bourrelet demi-cylindrique au travers duquel passe le boulon *b* de la fig. 20, qui les relie au rail et au contrerail dont leurs faces longitudinales épousent les contours intérieurs. Le bourrelet se prolonge à droite et à gauche par deux oreilles percées de trous destinés à recevoir les tirefonds d'attache sur les traverses du chassis.

Les fig. 42, 43 et 44, donnent la disposition du montage.

Une traversée de ce genre, pour l'intersection de quatre voies, fonctionne depuis près d'un an, à la rencontre du boulevard de la Liberté et de la rue Nationale, à Lille, sans qu'il ait été utile d'y faire la moindre réparation.

Changements et croisements de voie. — Bifurcations, aiguilles et cœurs.

Sur le parcours des lignes à simple voie, il est nécessaire de ménager, d'espace en espace, des portions de double voie, pour permettre le croisement de deux voitures marchant dans des directions opposées.

L'intervalle qui sépare ces garages est une fonction de la fréquence des départs aux têtes de ligne.

La soudure de ces évitements avec la voie courante, soulève un problème d'une solution difficile, et d'une importance extrême au point de vue de l'exploitation ; la prise plus ou moins commode des aiguilles peut en effet épargner ou faire subir à l'attelage un effort supplémentaire de traction oblique, propre à vicier l'allure des chevaux, auxquels il impose une fatigue périodique anormale, en même temps qu'il est la source d'accidents dont le public et la compagnie sont les victimes.

Il semble, à considérer les divers modèles d'aiguilles passés jusqu'à ce jour dans le domaine de la pratique, modèles qui sont parfois variables pour les Tramways d'une même ville, que les constructeurs en soient encore, à cet égard, dans la période des essais et qu'ils espèrent voir sortir des résultats de l'expérience une indication précise sur le meilleur choix à faire.

Les affinités intimes qui rattachent de si près le système de Lille aux chemins de fer ordinaires, nous traçaient d'avance la marche à suivre dans cette étude, et nous conduisaient naturellement, par l'épure géométrique des deux voies à raccorder, à la forme d'aiguilles que nous avons adoptée.

Contrairement au principe rigoureusement appliqué sur les lignes à locomotives, qu'un train, quand il en rencontre un autre, doit toujours l'avoir à sa droite, nous avons dû, à Lille, par observation des règlements qui concernent le roulage, et pour nous conformer à une coutume très-ancienne, faire toujours suivre à nos cars la voie de droite, de manière à rentrer dans le mouvement des voitures ordinaires.

La disposition d'aiguillage, à laquelle nous nous sommes arrêtés, avait donc, indépendamment de la forme des pièces, susceptibles de se prêter aussi bien à une marche en sens inverse, un point de départ tout indiqué : favoriser, à l'origine d'une bifurcation, la prise de la voie de droite, au détriment de l'entrée à gauche.

Ici deux cas se présentent :

Les deux voies, principale et d'évitement, sont placées symétriquement par rapport à l'axe de la chaussée, ou bien la voie principale est déviée sur un des accotements, tandis que la voie d'évitement occupe l'accotement qui fait face. Avant d'expliquer comment nous avons tenu compte de ces deux particularités, je vais dire quelques mots des pièces en fonte qui servent de transition de la ligne principale à l'une ou l'autre des deux voies qui la prolongent.

Chaque aiguille (fig. 45) se compose d'une tablette en fonte, de forme trapezoïdale allongée, munie à la face supérieure de bourrelets qui profilent, avec ornière de 30 $^m/_m$, les champignons du rail et du contre-rail aboutissant à leurs extrémités.

Sur la partie médiane de la tablette, ces bourrelets se fondent sous un angle très-oblique en figurant une pointe de séparation pour les deux voies.

Le talon de cette dernière est agrémenté de cannelures, pour donner prise aux pieds des chevaux; les ornières de l'aiguille ont partout une profondeur de 25 $^m/_m$, sauf au voisinage de la pointe, où elles se réunissent en une seule, assez évasée pour que le bandage de la roue puisse s'y encadrer. Dans le but d'éviter le coinçage qui se produirait infailliblement à cet endroit, la différence de niveau entre la tablette et le dessus des bourrelets se trouve réduite à 10 $^m/_m$ et rachetée, des deux côtés, par des plans inclinés qui facilitent le passage gradué du boudin d'un fond à l'autre; un des longs côtés du trapèze est légèrement cintré pour amorcer le départ en courbe. Les abouts de la pièce portent, venus de fonte, trois appendices avec demi-logements pour le rail et le contre-rail de chaque file; un boulon du type b traverse les deux barres qu'il réunit à travers la fonte.

Le dessous de l'aiguille présente un renfort vers le talon (fig. 46) et deux nervures longitudinales qui concourent à la résistance du solide, et permettent sa fixation sur traverses au moyen d'un coussinet spécial (fig. 47) en fonte, dont la joue supérieure est maintenue contre les nervures par un boulon e (fig. 48).

La longueur de l'aiguille est de 2^{m}50; elle repose sur cinq traverses, par l'intermédiaire des coussinets fixés eux-mêmes sur ces dernières au moyen de tirefonds *f* (fig. 49).

Les dessins de montage (fig. 50, 51 et 52) complèteront les explications ci-dessus et feront saisir la forme générale et les contours de détail de l'aiguille.

L'entrée d'une bifurcation ou d'un garage comporte deux pièces semblables se faisant vis-à-vis, l'une avec rail droit et contre-rail courbe, l'autre avec rail courbe et contre-rail droit.

On comprend aisément, qu'en apportant de légères variantes aux modèles qui servent à la coulée des pièces, il soit facile de se procurer chez un fondeur, les divers types que peut comporter le sens des départs à droite ou à gauche.

Les figures 53, 54 et 55, représentent suffisamment le cœur nécessaire à la traversée de deux files de rails. Cette pièce a d'ailleurs, avec la précédente, trop de points communs, pour qu'il soit utile de s'y arrêter longuement.

On peut du reste pour remplacer le cœur en fonte, à la traversée oblique de deux files avec rail et contre-rail, employer la disposition précédemment décrite pour les traversées de voies.

Comme cas particulier, lorsque l'aiguille ou le cœur doivent recevoir un fer plat pour courbes à l'une des extrémités de leur ornière, les deux bourrelets qui y aboutissent s'évasent de manière à donner, en affleurement du fer plat, une surface de roulement de même largeur que sa semelle ; l'appendice est alors supprimé, et sur une traverse spéciale de 0^m22 de base, on tirefonne le coussinet d'appui pour l'aiguille ou le cœur, et celui qui sert à la fixation du fer à double T. On rétablit, par cette disposition, la solidarité qui doit exister entre les deux pièces.

Si les deux voies d'un même garage sont symétriquement placées par rapport à l'axe de la chaussée, la voiture qui va quitter la voie unique pour entrer dans l'évitement, doit être guidée vers la droite ; on arrive à ce résultat en faisant commencer une des courbes (celle qu'il faut éviter) à l'origine même de l'aiguille, et l'autre, (celle qu'il faut suivre) à la sortie de l'aiguille, soit 2^{m}50 après la première (fig. 56). Il suit de là, que si le cocher maintient son attelage dans la direction de l'alignement qu'il va quitter, il franchit sans difficulté la pointe de séparation et enfile la voie de droite.

A l'autre bout du garage, la même disposition se reproduit identiquement, de telle sorte que la paire d'aiguilles prise en pointe par le car montant, comme celle qui est prise en pointe par le car descendant, présente un départ en courbe à gauche. Quel que soit le sens de la marche, une voiture parcourt toujours la partie droite ds l'aiguille qu'elle rencontre la première, et se trouve ainsi engagée dans la voie de droite, qui lui est assignée par les règlements.

Il va sans dire que le même artifice peut être utilisé à la bifurcation de deux voies parallèles.

Dans le cas où la voie principale occupe l'axe de la chaussée, la voie d'évitement est reléguée sur un accotement, on a alors la faculté d'appliquer la disposition précédemment décrite, à celle des extrémités du garage, où la voiture est assurée, en conservant l'alignement de la voie principale, de tenir sa droite (fig. 57). Le maintien à l'autre extrémité d'une paire d'aiguilles avec pointes fixes, imposerait aux chevaux une traction oblique déstinée à entraîner la voiture dans la courbe d'amorce de la voie de droite.

Ce moyen est le seul auquel il soit permis d'avoir recours lorsqu'un tronçon se détache par une courbe d'une voie en ligne droite. Je dois dire d'ailleurs que le mode de bifurcation usité à Lille, se prête, d'une manière satisfaisante, à cette marche dans les deux sens, et qu'un conducteur expérimenté peut prendre à volonté, sans déviation sensible de l'attelage hors de la voie, l'une ou l'autre des directions que lui ouvre l'aiguille. Mais, pour le garage qui nous occupe, il est loisible, à l'endroit où la prise de la voie de droite exigerait cet effort oblique, de condamner la voie de gauche, et de diriger forcément le car, en faisant disparaître la solution de continuité de l'ornière; pour celà, sur l'une des aiguilles du couple, on remplace la pointe en fonte par une tige d'acier, formant ressort, fixée par deux boulons sur le cadre en fonte, et prolongée de manière à être en contact avec un des bourrelets formant rail. Les figures 58, 59 et 60 donnent le plan d'un aiguillage dans ces conditions, ainsi que les détails de montage de cette pièce, qui, lorsqu'elle est prise par le talon, fléchit avec facilité et laisse, à frottement, passer le boudin des roues.

Rencontre des regards d'égoût et des regards de conduite d'eau.

Il est arrivé fréquemment, pendant la construction, qu'une file de rails tombait sur une de ces plaques en fonte, qui recouvrent soit une cheminée d'égoût, soit une chambre à branchements de conduites d'eau. Dans la plupart des cas, par une légère retouche des maçonneries de support, j'ai pu rejeter l'obstacle, soit en dedans, soit en dehors de la voie, sans apporter de gêne sérieuse aux services de la voirie; lorsque le déplacement des regards était de nature à leur créer des embarras, je substituais à la plaque ancienne, une plaque neuve, à travers laquelle était creusée une cuvette de 30 $^m/_m$ de large sur 20 $^m/_m$ de profondeur, continuant l'ornière de la voie courante. Une nervure venue de fonte compense l'affaiblissement qui résulterait de la raînure (fig. 61).

Un autre cas s'est présenté : c'est celui de la traversée d'un fil d'eau par la voie. Voici la disposition prise : les dessins (fig. 62, 63, 64, 65, 66 et 67) qui s'y rapportent, supposent une traversée en courbe à fer plat; les pavés du cassis, sont remplacés par une goulotte en fonte, à deux rebords, ménageant la pente voulue pour l'affleurement du pavage. Elle a une longueur de 1.80, et repose sur une pièce en bois fortement bourrée. Le fer plat est entaillé et s'appuie, par le dessous de la semelle supérieure, sur les bourrelets de la goulotte; les rails et contre-rails de la voie ordinaire sont assemblés avec la pièce de fonte, au moyen de deux appendices, en tout semblables à ceux que portent les aiguilles ou les cœurs; les bourrelets sont supprimés en face de l'ornière, de manière à ce qu'il n'y ait pas, pour elle, solution de continuité. En l'état, une des roues porte sur le fond de la goulotte, la roue extérieure s'appuyant sur le fer plat; afin de guider la voiture et de prévenir les déraillements, on a boulonné sur les ailes du fer à T, deux bandelettes en fer forgé qui règnent sur une étendue suffisante, pour que le boudin soit toujours maintenu au moins d'un côté.

Si la traversée a lieu en courbe à grand rayon, on rentre dans le cas qui précède, par l'interposition dans la file extérieure d'une portion de fer plat montée sur les deux traverses voisines qui embrassent la goulotte.

La même solution s'applique si le fil d'eau est coupé en alignement droit.

Traversée des ponts-levis des fortifications.

Certaines lignes du réseau Lillois se prolongent *extra-muros*, et, bien qu'à l'heure actuelle, aucune d'elles n'ait encore franchi l'enceinte fortifiée, nous avons dû etudier les passages sur les ponts-levis; voici la disposition que nous allons soumettre à l'examen du génie militaire (fig. 68 et 69).

Les pont-levis se composent d'un cadre en bois formé par 7 poutrelles longitudinales, sur lesquelles viennent s'assembler des madriers transversaux très-rapprochés; c'est sur ces derniers que se fixe le plancher. Deux plaques en fonte striée, de la largeur de la porte et formant trottoir par deux retours, protègent les abouts des poutrelles et servent au raccordement du pont levis avec la chaussée; nos rails arriveront jusqu'aux plaques en fonte, à travers lesquelles nous proposons de creuser la rainure destinée à permettre le passage du boudin; cette dernière se prolongera sur le pont entre deux barres parallèles, de section trapézoïdale, boulonnées fortement sur les poutrelles et sans aucune saillie sur le plancher.

Traversée d'un pont tournant sur le canal de la Haute-Deûle.

Le pont tournant se compose de deux poutres maîtresses reliées par des pièces de pont sur lesquelles sont boulonnés les madriers qui supportent le plancher; le pont est mobile autour d'un pivot, et limité à ses deux extrémités par deux plaques en fonte striée, dans lesquelles nous avons pratiqué l'ornière de 0^m030 faisant suite à la voie courante; sur deux des madriers du pont, nous avons tirefonné, à la distance de 1^m445 de bord à bord intérieur des champignons, deux petits rails vignole (pl. I, fig. 2) ayant la hauteur de 0^m08, égale à l'épaisseur du plancher du pont; des cornières, vissées sur ce plancher, protègent les arêtes des pièces de bois et maintiennent invariable la largeur de 0^m030 destinée au passage des boudins des roues.

Les figures 69 *bis* indiquent les dispositions adoptées.

Voie à Voyageurs dans une chaussée macadamisée.

Sur les chaussées macadamisées, où l'on n'a plus à se préoccuper du pavage, on supprime le coussinet pour poser directement rail et contre-rail sur les traverses (fig. 70) en les assujettissant à la fois entre eux et sur ces dernières au moyen de la fourrure qui sert à la traversée des voies (fig. 41). Cette variante, eu égard au poids de la fourrure (1 k.) et à celui du coussinet (5 k.) procure dans le type à voyageurs, une économie de 5312 k. de fonte ou de 5312×0 fr. $25 = 1328$ fr. par kilomètre.

Voie à Marchandises.

Ainsi que je l'ai fait observer au début de cette étude, les éléments de la voie à voyageurs, précédemment décrite, se prêtent de la manière la plus simple à la transformation en voie à marchandises; il suffit pour celà de tourner vers l'axe de la voie le champignon du contre-rail et d'espacer les traverses à 1 m. au lieu de 1 m. 50.

Les figures 71, 72 et 73 indiquent une coupe transversale, le plan de pose et l'épure du percement des trous. Pour éviter deux types de barres, on peut superposer, sur le même rail ou le même contre-rail, les épures du percement des trous pour voie à voyageurs et voie à marchandises.

Dans le cas de la voie à marchandises, la charge à laquelle est soumise la poutre armée est de 14000 k. soit 3500 k. par roue.

Le moment fléchissant maximum est égal à

$$u = \frac{1}{8} Pl = \frac{1}{8} 3500 \times 1^m = 437.5.$$

L'effort par millimètre carré est alors de :

$$R = \frac{H u}{I} = \frac{0{,}0475 \times 437.5}{0{,}0000029371}$$

d'où $R = 7$ k. 37.

Cette limite est inférieure à celle que l'ouvrage de M. Couche assigne pour la résistance du rail Vignole nouveau de l'Est, résistance qui est de 8 k. 16 par $^m/_m$ carré. J'ajouterai qu'au bout d'un certain temps, et sous l'action des pluies, le sable se tasse et durcit dans le voisinage de la poutre, de manière à favoriser, dans une large mesure, la bonne tenue sous le passage de lourdes voitures.

Le coussinet en fonte, identique dans les deux types de voie, est soumis à une pression verticale de 3500 k. qui tend à le briser suivant sa section de moindre résistance. Cette section, obtenue par un plan horizontal mené au point de contact des nervures avec les montants se compose de deux rectangles de 15 $^m/_m$ sur 80 $^m/_m$.

L'effort d'écrasement sera donc de :

$$\frac{3500}{15 \times 80} = 2 \text{ k}. 91$$

par millimètre carré.

Telle est, considérée dans ses détails techniques, la voie proposée par M. L. Marsillon à la municipalité de Lille, et mise en exploitation dans cette ville depuis le 7 juin 1874. Je laisse aux hommes compétents le soin de décider, si, comme j'en exprimais l'espoir au début de cette notice, l'application de cette idée nouvelle constitue un progrès réel sur les systèmes antérieurs ; quel que soit du reste leur avis sur le fond même de la question, ils rendront justice, j'aime à le croire, à l'étude consciencieuse et approfondie qui a créé de toutes pièces un type de voie absolument différent de ses devanciers.

IV.

Exécution des travaux. — Prix de revient.

Je n'ai que peu de choses à dire, relativement à l'exécution des travaux et à leur bonne marche. La condition *sine quâ non* d'une pose régulière réside dans le sabotage des coussinets sur la traverse. Ces derniers doivent être fixés de telle sorte que les deux rails mis en place présentent entre leurs champignons, d'intérieur à intérieur, un écartement rigoureux de 1 m. 445, comme dans les voies de chemin de fer. On arrive à ce résultat par l'emploi d'un gabarit spécial de sabotage (fig. 74, 75, 76 et 77).

Il se compose d'une barre transversale en fer, portant assemblés à chacune des extrémités, au moyen de cornières, deux fers en U qui embrassent exactement la partie supérieure des coussinets ; l'ouvrier chargé du sabotage trace alors l'emplacement des tire-fonds, perce les trous et assujettit les deux pièces ; cette opération, de laquelle dépend la régularité de la voie, exige une surveillance toute spéciale.

Le gabarit de pose (fig. 78) en bois, protégé aux deux bouts par des plaquettes en fer, sert, pendant la pose, à vérifier l'écartement des rails et la largeur de l'ornière.

Voici l'ordre à suivre pour la pose de la voie :

1° Approvisionnement à pied d'œuvre et espacement le long de la ligne, du matériel destiné à son établissement ;

2° Dépavage ;

3° Fouille pour l'emplacement des traverses sabotées ;
4° Pose des traverses ;
5° Mise en place des rails et contre-rails au moyen de l'éclissage et d'un premier serrage de boulons ;
6° Dressage de la voie ;
7° Réglage de la voie au point de vue de l'affleurement de la chaussée ;
8° Bourrage des traverses ;
9° Vérification du dressage ; serrage définitif des boulons ;
10° Vérification du réglage et de l'écartement des rails ;
11° Etablissement du pavage sur forme de sable neuf ;
12° Damage de la chaussée.

Le serrage des boulons et le bourrage des traverses demandent, entre toutes ces opérations, un soin tout particulier.

Les tableaux ci-dessous donnent l'indication des quantités et poids de chaque élément pour 6 m. 00 de voie courante, soit mixte, soit à voyageurs seulement.

Tableau des quantités et poids de chaque élément pour 6 m. 00 de voie.

\multicolumn{3}{c}{VOIE A MARCHANDISES}	\multicolumn{3}{c}{VOIE A VOYAGEURS}
Quantités	Désignation	Poids	Quantités	Désignation	Poids
		KIL.			KIL.
2	Rails	168.00	2	Rails	168.00
2	Contre-rails	132.00	2	Contre-rail	132.00
12	Coussinets (fonte) .	60.00	8	Coussinets	40.00
24	Tirefonds	3.12	16	Tirefonds	2.08
4	Eclisses	3.32	4	Eclisses	3.32
8	Boulons d'éclisse . .	1.80	8	Boulons d'éclisse . .	1.80
8	Boulons (tête carrée)	2.00	12	Boulons (tête carrée).	3.00
6	Traverses	"	8	Fourrures (fonte) . .	6.40
			4	Traverses	"

Voici le détail des divers prix de revient :

Devis A.

VOIE A VOYAGEURS.

2 rails de 6 m. à 14 k. le mètre courant, soit 168 k. à 0 fr. 25.	Fr.	42 "
2 contre-rails de 6 m. à 11 k. le mètre courant, soit 132 k. à 0 fr. 25.	"	33 "
8 coussinets en fonte à 5 k. soit 40 k. à 0 fr. 225	"	9 "
16 tirefonds *a* de 0,015 à 0 k. 130, soit 2 k. 08 à 0 fr. 65	"	1 35
4 éclisses fer à 0 k. 83, soit 3 k. 32 à 0 fr. 25	"	0 83
12 boulons *b* à tête carrée à 0 k. 250, soit 3 k. à 0 fr. 55.	"	1 65
8 boulons d'éclisse *c* à 0 k. 225, soit 1.80 à 0 fr. 55.	"	0 99
8 fourrures entretoises en fonte à 0 k. 800, soit 6 k. 40 à 0 fr. 225.	"	1 44
4 traverses en chêne à 2 fr. 00.	"	8 "
Toute main-d'œuvre accessoire à 4 fr. le mètre courant.	"	24 "

En plus par mètre courant 6 boutisses de
27/18/16 pour croisement des joints,
soit 36 à 0 fr. 45. . . . . " 16 20 } soit " 2 70
d'où il faut déduire 54 pavés retirés de
la chaussée à 0 fr. 25. . . . . . " 13 50

	Total pour 6 m. . . . Fr.	124 96
par mètre	"	20 82
et par kilomètre en nombres ronds.	"	20820

Devis B.

VOIE A MARCHANDISES.

2 rails de 6 m. 168 k. à 0 fr. 25.	Fr.	42 "
2 contre-rails de 132 k. à 0 fr 25.	"	33 "
12 coussinets 60 k. à 0 fr. 225.	"	13 50
24 tirefonds *a* 3 k. 12 à 0 fr. 65.	"	2 02
4 éclisses 3 k. 32 à 0 fr. 25.	"	0 83
	A reporter. . . . . Fr.	91 35

Report.	Fr.	91 35
8 boulons *b* à tête carrée, 2 k. à 0 fr. 55	»	1 10
8 boulons d'éclisse *c*, 1 k. 80 à 0 fr. 55	»	0 99
6 traverses à 2 fr. chaque.	»	12 »
Plus value pour emploi de boutisses.	»	2 70
Toute main-d'œuvre accessoire à 4 fr. le mètre.	»	24 »
Total pour 6 m.	Fr.	132 14
par mètre		22 02
et par kilomètre		22020 »

Devis C.

AIGUILLAGE DE DEUX VOIES,

Symétriques ou non par rapport à l'axe de la chaussée, comprenant une paire d'aiguilles de bifurcation à pointes fixes.

2 aiguilles à 147 k., soit 294 k. à 0 fr. 225	»	66 15
20 coussinets supports d'aiguilles à 2 k. 20, soit 44 k. à 0 fr. 225.	»	9 90
16 boulons *e*, de 0,065 de longueur, à 0 k. 200, soit 3 k. 20 à 0 fr. 55	»	1 76
4 boulons ordinaires *b* à 0 k. 250, soit 1 k. à 0 fr. 55	»	» 55
40 tirefonds *f*, de 0,012 de diamètre à 0 k. 75, soit 3 k. à 0 fr. 65	»	1 95
5 traverses en chêne à 2 fr. chaque.	»	10 »
Toute main-d'œuvre à 4 fr. le mètre, sur 2 m. 50.	»	10 »
Total pour 2 m. 50.	Fr.	100 31
Soit par mètre courant.	»	40 10

Quand l'aiguillage comporte sur deux aiguilles, l'une d'entre elles à pointe d'acier, il convient d'ajouter, comme plus value, les frais suivants :

1 pointe en acier, 7 k. à 2 fr. 50.	»	17 »
2 boulons d'attache et ajustage	Fr.	4 »
Total.	Fr.	21 »
Soit pour 2 m. 50 = 100 fr. 31 + 21 fr.	»	121 31
Et par mètre courant $\dfrac{121 \text{ fr. } 31}{2\ 50}$	»	48 52

Devis D.

POSE D'UN CŒUR.

1 cœur de 1 m. de 78 k. à 0 fr. 225, soit . . . . Fr.	17	55
5 coussinets de support à 2 k. 200, soit 11 k. à 0 fr. 225 . . "	2	47
5 boulons e à 0 k. 200, soit 1 k. à 0 fr. 55. . . . . . . "	"	55
10 tirefonds f à 0 k. 075, soit 0 k. 75 à 0 fr. 55. . . . . "	"	41
Toute main-d'œuvre accessoire à 4 fr. le mètre courant. . . "	2	"
Soit pour un cœur mis en place. . . . . Fr.	22	98

Devis E.

TRAVERSÉE DE DEUX SIMPLES VOIES.

1 châssis en chêne, composé de 4 traverses en chêne à 2 fr. l'une. Fr.	8	"
4 boulons b d'assemblage à 0 k. 250, soit 1 k. à 0 fr. 55 . . "	"	55
Montage du châssis, 6 heures charpentier à 0 fr. 50. . . . "	3	"
20 fourrures de traversée en fonte à 0 k. 800, soit 16 k. à 0 fr. 225. . . . . "	3	60
20 boulons b à 0 k. 250, soit 5 k. à 0 fr. 55 . . . . . . "	2	75
40 tirefonds a à 0 k. 130, soit 5 k. 200 à 0 fr. 65 . . . . "	3	38
2 rails de 1 m. 45 = 2 m. 90 ⎫ 2 Id. de 1 m. 48 = 2 m. 96 ⎬ 5 m. 86 à 14 k. le mètre, soit 82 k. 04 à 0 fr. 25 le kilog. . . . . "	20	51
2 contrerails de 1^{m}45 = 2^m 90 ⎫ 2 Id. de 1^{m}48 = 2^m 96 ⎬ 5 m. 86 à 11 k., soit 64 k. 46 à 0 fr. 25 . . . . "	16	11
Coupe des rails, taille en biseau suivant l'angle et percement des trous : 1 journée d'ajusteur. . . . . . . 4 50 ⎫ 1 Id. d'aide-ajusteur . . . . 3 25 ⎬ . . . . . "	7	75
Main-d'œuvre accessoire sur 2 voies de 1 m. 46 en moyenne, à 4 fr. le mètre . . . . "	11	68
Total pour 2 m. 92 de voie. . . . . Fr.	77	33
Soit par mètre de traversée $\dfrac{77 \text{ fr. } 33}{2 \text{ fr. } 92}$ . . . . . . "	26	48

Devis F.

TRAVERSÉE DE DEUX DOUBLES VOIES.

1 châssis en chêne : 8 pièces de 5 m./0,10/0,12 = 0 m.³ 480 à 100 fr. . . . . Fr.	48 »
16 boulons b d'assemblage à 0 k. 250, soit 4 k. à 0 fr. 55. . . »	2 20
Montage du châssis, 2 journées de charpentier à 4 fr. 50. . . . »	9 »
88 fourrures de traversée en fonte à 0 k. 800, soit 70 k. 04 à 0 fr. 225 . . . . »	15 76
88 boulons b, un par fourrure, à 0 k. 250, soit 22 k. à 0 fr. 55. »	12 10
176 tirefonds a, deux par fourrure, à 0 k. 130, soit 22 k. 88 à 0 fr. 65 . . . . »	14 87

8 rails de 1 m. 45 = 11 m. 60 ⎫
8 Id. de 1 m. 48 = 11 m. 84 ⎬ 33 m. 04 à 14 k.
8 Id. de 1 m. 20 = 9 m. 60 ⎭   ⎫
                                          ⎬ 826 k.
8 c.-rails de 1 m.45 = 11 m.60 ⎫   ⎭ à 0 fr. 25 » 206 50
8 Id. de 1 m.48 = 11 m.84   ⎬ 33 m. 04 à 11 k.
8 Id. de 1 m.20 = 9 m.60   ⎭

Coupe des rails, taille en biseau suivant l'angle, percement des trous : 6 journées d'ajusteur à 4 fr. 50. . . Fr. 27 » 6 id. d'aide-ajusteur à 3 fr. 25 . » 19 50 »	46 50
Toute main-d'œuvre accessoire sur 4 voies de 4 m. 16 en moyenne à 4 fr. le mètre. . . . . »	66 64
Total pour 16 m. 64. . . . Fr.	421 57
Soit par mètre courant de traversée $\frac{421\ 57}{16\ 64}$ . . . . Fr.	25 32

Devis G.

DÉCOMPOSITION DU PRIX DE POSE

Précédemment porté à 4 fr. le mètre de voie courante.

Sabotage par mètre courant . . . . Fr.	0 10
Coltinage des matériaux par mètre courant. . . . . . . »	0 10
Dépavage sur 3 m. de largeur à 0 fr. 10 le mètre superficiel. . »	0 30
A reporter. . . . Fr.	» 50

Report. . . . . Fr.	»	50
Terrasse par mètre courant.	»	0 17
Fourniture de sable sur 0,10 d'épaisseur 0 m.³ 300 à 5 fr. 50 le mètre cube	»	1 65
Pose de la voie à 0,45 le mètre courant	»	0 45
Pavage à 0,35 le mètre superficiel. . . . , . . , . . .	»	1 05
Transport de terre résultant de la fouille	»	0 18
Total. . . . Fr.		4 00

Il est accordé à l'entrepreneur une plus-value de 0 fr. 10 par mètre courant de voie pour le pavage dans les aiguillages, croisements et traversées.

Ce prix de 4 fr. comprend l'entretien du pavage neuf, jusqu'à réception par les services de la voirie municipale.

Les devis qui précèdent tiennent compte des frais de toute nature qu'a occasionnés l'établissement de la voie de Lille. Pour faire utilement la comparaison de ces prix de revient avec ceux des types de voie comportant un rail sur longrines, il suffira simplement de faire entrer en ligne les éléments comparables, fers et fonte, bois, frais de pose proprement dite, sans se préoccuper autrement des dépenses afférentes aux terrassements, fournitures de sable, démolition et réfection des chaussées pavées ou macadamisées. Ces dépenses sont en effet sujettes à des variations considérables suivant les divers pays; elles ne figurent donc que pour mémoire dans les tableaux ci-après :

Devis kilométrique

DE DIFFÉRENTS TYPES DE VOIES DE TRAMWAYS.

COMPAGNIE GÉNÉRALE DES OMNIBUS

(Dessin de la voie dans Oppermann. — Avril 1875).

TRAMWAYS DE LA BARRIÈRE DE L'ÉTOILE AU TRONE

PAR LES BOULEVARDS EXTÉRIEURS.

Poids du rail : **23 kil.** par mètre courant.

Prix de revient pour 6 mètres de simple voie.

2 rails de 6 m. à 23 k., 276 k. à 0 fr. 25 . . . . Fr.	69	»
A reporter. . . . . Fr.	69	»

Report. . . . . Fr.	69	»
6 longrines en chêne 2 m./0,15/0,10 à 4 fr. chaque compris profil »	24	»
2 selles de joint en fonte à 1 k. 50, 3 k. à 0 fr. 225 . . . . »	675	
6 plaques d'assemblage des joints de longrines, en fer, à 0 k. 780 soit 4 k. 68 à 0 fr. 30. . . . . »	1	40
24 boulons d'assemblage à 0 k. 160, 3 k. 84 à 0 fr. 55 . . . »	2	11
6 triangles en fer de 0,06 de côté, formant rondelles, de 0 k. 375 à 0 fr. 30. . . . . »	»	11
Pose à 3 fr. 50 le mètre, pour 6 m . . . . »	21	»
Terrassement, pavage, etc., mémoire . . . . »		
Total. . . . Fr.	118	295
Par mètre courant . . . . Fr.	19	72
Par kilomètre. , ... »	19720	»

NOTA. — *La Compagnie des omnibus ne croit pas à la nécessité de parallélisme des rails, et partant de ce principe, elle supprime les traverses.*

L'expérience démontre que la Compagnie des omnibus est dans l'erreur. Il faut des traverses tous les deux mètres. Dans ces conditions, le prix kilométrique de la voie de la Compagnie des omnibus doit être majoré de 1180 fr. et porté à **20,900 fr.**

TRAMWAYS DU HAVRE (fig 79).

Poids du rail : **16 kil.** par mètre courant.

Prix de revient par 6 mètres de simple voie.

2 rails de 6 m. à 16 k : 192 k. à 0 fr. 25 . . . . . Fr.	48	»
2 longrines sapin de 4 m./0,08/0,15 = 0 m.³ 0,96 à fr. 80 . . »	7	68
2 » » 2 m./0,08/0,15 = 0 m.³ 0,48 à fr. 80 . . »	3	84
Main-d'œuvre pour le profil supérieur des longrines, 12 m. à 0,50. »	6	»
3 traverses sapin de 2 m./0,17/0,06 = 0 m.³ 0612, à fr. 80 . »	4	90
2 selles de joints fonte à 1 k. 34. = 2 k. 68 à 0 fr. 225 . . . »	»	60
8 grandes équerres en fer à 1 k. 82 = 14 k. 56 à 0 fr. 30 . . »	4	37
4 petites équerres en fer. à 1 k. 064 = 4 k. 256 à 0 fr. 30 . . »	1	28
A *reporter*. . . . . Fr.	76	67

	Report. . . . . . Fr.	76 67
8 Tirefonds d'attache à 0 k. 085 = 0 k. 68 à 0 fr. 65 . . .	"	" 44
10 boulons d'attache à 0 k. 200 = 2 k. à 0 fr. 55	"	1 10
38 clous de fixation des équerres à 0 k. 070 = 2 k. 64 à 0 fr. 55.	"	1 45
Frais de pose à 3 fr. 50 le mètre, pour 6 m.	"	21 "
Terrassements, pavage (mémoire)	"	"
	Total. . . . Fr.	100 66
Soit par mètre . . . . Fr.		16 776
et par kilomètre.	"	16776 "

NOTA. — *Il est à remarquer que le poids des rails n'est que de 16 k. par mètre courant et que tous les bois sont d'espèce tendre.*

TRAMWAYS DE LILLE.

VOIE A VOYAGEURS.

Poids du rail. . . . . **14 kil.**
" du contre-rail . . . **11 "** } **25 kil.**

Prix de revient par 6 mètres de simple voie.

2 rails de 6 m. à 14 k. . . . . . 2 contrerails de 6 m. à 11 k. . . . } 300 k. à 0 fr. 25 Fr.	75 "
8 coussinets fonte à 5 k. = 40 k. à 0 fr. 225. . . . . . . "	9 "
16 Tirefonds type *a* = 2 k. 08 à 0 fr. 65. . . . . "	1 35
4 éclisses en fer = 3 k. 32 à 0 fr. 25. . . . . "	0 83
12 boulons à tête carrée type *b* = 3 k. à 0 fr. 55. . . . "	1 65
8 boulons d'éclisse type *c* = 1 k 80 à 0 fr. 55 . . . . . "	0 99
8 Fourrures fontes à 0 fr. 80 = 6 k. 40 à 0 fr. 225. . . . "	1 44
4 traverses en chêne 2 m. /0,14/0,08 à 2 fr. chaque . . . . "	8 "
Frais de pose par mètre { pose . . 0.45 sabotage. 0.10 } 0,65 pour 6 m. Fr. coltinage. 0.10	3 90
Terrassements, pavage, etc. (mémoire).	
Total. . . . Fr.	102 16
Par mètre . . . . Fr.	17 02
Par kilomètre. . . . . "	17020 "

NOTA. — *En prenant des traverses en hêtre injecté à 1 fr. 25 chaque, on réalise une économie de 0 fr. 50 par mètre courant; le coût kilométrique s'abaisse alors à* Fr. **16.520** »

TRAMWAYS DE LILLE.

VOIE A MARCHANDISES.

2 rails / 2 contre-rails } 300 k. à 0 fr. 25 . . . . Fr.	75	»
12 coussinets en fonte = 60 k. à 0 fr. 225. . . . . »	13	50
24 tirefonds a = 3 k. 120 à 0 fr. 65. . . . . »	2	03
4 éclisses en fer = 3 k. 320 à 0 fr. 25 . . . . »	0	83
8 boulons d'éclisse c = 1 k. 800 à 0 fr. 55 . . . . . . »	0	99
8 boulons à tête carrée b = 2 k. à 0 fr. 55 . . . . . »	1	10
6 traverses en chêne à 2 fr. 00 . . . . »	12	»
Frais de pose : 0 fr. 65 par mètre. Pour 6 m. . . . . . »	3	90
Terrassement, pavage, etc. (mémoire).		
Total. . . . Fr.	109	35
Par mètre . . . . Fr.	18	22
Par kilomètre . . . . »	18220	»

NOTA. — *En prenant des traverses en hêtre injecté à 1 fr. 25 chaque, on réalise un économie de 0 fr. 75 par mètre courant, soit 750 fr. par kilomètre.*

Le coût kilométrique s'abaisse alors à Fr. **17470** »

COMPAGNIE DES TRAMWAYS PARISIENS (RÉSEAU NORD).

Annales de la construction Oppermann (Avril 1875).

VOIE DE LA PORTE MAILLOT AU PONT DE NEUILLY.

Poids du rail : **29 kil. 50**.

Prix de revient de 6 mètres de simple voie.

2 Rails de 6 m. à 29 k. 50, soit 354 k. à 0 fr. 25. . . . . Fr.	88	500
A reporter. . . . . Fr.	88	500

2 Selles de joint en fonte à 1 k. 50 = 3 k. à 0 fr. 225 . . Fr. 0 675
12 Boulons d'attache de 0 k. 30 = 3 k. 60 à 0 fr. 55 . . . „ 1 980
12 Equerres de fixation des longrines sur les traverses à
0 k. 40, soit 4 k. 80 à 0 fr. 30. . . . . „ 1 440
12 m. courants de longrines en chêne $\dfrac{0,146}{0,10} = 0$ m.^{3} 1752
à 100 fr. . . . . „ 17 520
12 m. main-d'œuvre pour le profil supérieur des longrines
à 0 fr. 50. . . . . „ 6 „
4 Traverses en chêne à 2 fr. 50 . . . . „ 10 „
Pose de la voie à 3 fr. 50 pour 6 m. . . . . „ 21 „
Terrassements et pavage, etc. (mémoire) . . . . „

Total. . Fr. 147 fr. 115
Par mètre . . . . 24 fr. 52
Par kilomètre. . . . . 24520 „ „

NOTA. — *M. Oppermann porte la pose à 2 fr.; ce prix n'est pas celui d'exécution; la pose a été payée à raison de 5 fr. 50; nous réduisons ce prix à sa valeur réelle, soit à 3 fr. 50.*

RÉSUMÉ DES DEVIS

En faisant abstraction de la voie du Hâvre dans laquelle l'économie a été obtenue au détriment de la durée et des frais d'entretien, les autres voies de Tramways coûtent, par kilomètre, savoir :

 a. Voie de la Compagnie des Omnibus de Paris. . . . . Fr. 20900
 b. Voie à voyageurs de Lille . . . . » 17020
 c. Voie des Tramways parisiens (réseau Nord). . . . . » 24520

d'où la conclusion que le système de voie appliqué à Lille présente une économie de premier établissement de 3,880 fr. sur la voie de la Compagnie des Omnibus et de 7,500 fr. sur la voie des Tramways parisiens (réseau Nord).

Le tableau ci-après est instructif; il donne pour chacune des trois voies la proportion pour 100 des dépenses en fers et fontes, bois et pose.

VOIES	Fers et Fonte	Bois	Pose	Ensemble
Compagnie des Omnibus. . .	59.33	23.93	16.74	100
Tramways de Lille.	88.35	7.83	3.82	100
Tramways Parisiens.	62.94	22.78	14.28	100

V.

Entretien et Réparations.

Pour peu que l'on soit familiarisé avec l'étude des chemins de fer, on se rend parfaitement compte du rôle important que doit jouer, dans la construction des voies, la question de leur entretien ultérieur; en ce qui touche les Tramways, toutes proportions gardées, la situation reste la même, et le système de voie qui, sans différence notable dans les frais de premier établissement, donne lieu, relativement à ses rivaux, à un entretien moins dispendieux, à des renouvellements de matériel moins fréquents et plus faciles à exécuter, mérite évidemment la préférence. Or la voie de Lille écarte les longrines et par suite le mode d'attache sur elles des rails à cuvette, source certaine de pourriture à courte échéance; elle se présente donc dans les mêmes conditions qu'un chemin de fer à traction de locomotives, avec cet avantage pourtant, que ses traverses, au lieu d'être recouvertes d'une mince couche de ballast, sont protégées contre l'action des eaux et du soleil par le pavage et la forme en sable qui lui sert de gaîne. Les traverses, injectées d'ailleurs au sulfate de cuivre, trouvent ainsi, dans la construction même de la voie, des garanties de bonne tenue. Les rails et contre-rails sont, il est vrai, soumis à des passages de véhicules plus nombreux, mais moins fortement chargés et animés de vitesses moindres que dans les voies à locomotives; l'usure qui en résulte n'est donc pas rapide.

En sorte qu'il est possible, sans être taxé d'optimisme, d'assigner aux matériaux qui composent la voie des Tramways de Lille, une durée égale à celle des voies de chemins de fer ordinaires.

Les données fournies par l'expérience concordent du reste parfaitement avec une semblable prévision. La partie du réseau actuellement construite, présente en effet, en y comprenant les garages, doubles voies, voies de raccordement aux divers dépôts, une longueur de 16000 m. »

Un seul cantonnier est préposé à l'entretien, en tant que propreté; il est aidé dans l'accomplissement de sa tâche, par une nettoyeuse mécanique, établie sommairement pour parer aux inclémences de l'hiver dernier, mais qui n'en rend pas moins de signalés services. Elle se compose de deux paires de roues reliées par un chassis, auquel on attelle un cheval; l'outil nettoyeur proprement dit est formé par deux tiges d'acier, plongeant dans l'ornière en avant de chaque roue et remontant à volonté. Cet appareil est destiné à recevoir comme complément, un balai cylindrique en *piassava*, occupant la largeur de la chaussée et monté avec une légère obliquité comme celui des éboueuses de la ville de Paris. Ce balai servira, en temps de neige ou de sécheresse, au déblaiement de la chaussée.

La mise en état de propreté sur 16 kilomètres de parcours ne nécessite donc que l'emploi d'un ouvrier et le passage à certains intervalles de la balayeuse. On peut du reste utiliser, pour ce dernier travail, les chevaux convalescents, nombreux dans une exploitation importante et pour lesquels il sert de transition naturelle entre l'état d'inaction et le service normal.

Au point de vue des réfections du pavage, un ouvrier à l'année, lorsque la voie est bien assise, après les retouches qui complètent la construction, peut y pourvoir facilement sur un développement de 9 kilomètres. Quant aux réparations qui se rattachent à la partie métallique de la voie, elles sont presque nulles entre la mise en exploitation et l'époque du renouvellement. Il suffit, pour y subvenir, de quelques heures d'ouvrier ajusteur par semaine.

En résumé, et en prenant pour base d'estimation les résultats confirmés par une année d'épreuves, voici comment peuvent s'établir les frais mensuels d'entretien pour 10 kilomètres de voie établis suivant le système de Lille, en tenant compte seulement de la main d'œuvre :

1 cantonnier à 3 fr. par jour. . . . . Fr.	90	»
Intérêt du capital de la nettoyeuse, 800 fr. à 6 % . »	4	»
1 cheval à 2 fr. 45 par jour . . . ⎫ 2 h. par jour soit 1 palefrenier conducteur à 3 fr. par ⎬ 1 fr 09 par jour jour . . . . ⎭ et pour trente jours . . Fr.	32	70
1 paveur à 3 fr. 50. . . . . Fr.	105	»
1 ajusteur à 4 fr. 50 ⎫ pour 20 kilomètres . 1 aide ajusteur à 3 fr. 00 ⎬ soit 15 jours à 7 fr. 50 Fr.	112	50
Soit par mois pour 10 kilomètres . . . . . Fr.	344	20

et pour un kilomètre par an :

$$\frac{344{,}20 \times 12}{10} = 413\ 04$$

Soit en chiffres ronds 415 fr. par kilomètre et par an.

A titre de comparaison avec des dépenses de même nature pour les voies américaines comportant un rail à cuvette, je citerai quelques données extraites d'une notice publiée récemment sur les Tramways de la Belgique par M. E. Raillard, Ingénieur en chef des ponts-et-chaussées du département du Nord ; d'après ce ouvrage, le réseau de la ville d'Anvers comprend un développement de 9922 m. et exige la présence de 1 cantonnier nettoyeur par 2 kilomètres, soit 5 hommes, plus deux paveurs, un manœuvre et un ajusteur, ce qui donne par an :

5 cantonniers à 3 fr. par jour . . . . . Fr. 5400
2 paveurs à 3 fr. 50 . . . . : . . . » 2520
1 manœuvre à 2 fr. 50 . . . . » 900
1 ajusteur à 4 fr. 50 . . . . » 1620
Soit par an pour 10 kilomètres . . . . . Fr. 10440
Et par kilomètre . . . , ... » 1044

Les frais d'entretien de la voie de Lille à rail et contre-rail, comparés à ceux de la voie d'Anvers avec rail à cuvette, pour la même longueur kilométrique, sont donc dans le rapport de 415 à 1044, soit en faveur de la voie de Lille une économie de 60 %.

Je considère comme un devoir, en terminant cette notice, de remercier M. le Maire de Lille, M. Masquelez, Ingénieur en chef des Ponts-et-Chaussées, directeur des travaux municipaux, ainsi que ses chefs de service, pour la sympathie bienveillante qu'ils ont toujours témoignée à l'œuvre de la Compagnie.

APPENDICE

Contenant la nomenclature des formalités administratives qu'il faut remplir pour être autorisé à construire et à exploiter une ligne ou un réseau de Tramways.

Je dois à l'obligeance de M. Mongy, Inspecteur principal chef du service des études de la mairie de Lille, les renseignements suivants qui résument, au point de vue administratif, la marche à suivre pour obtenir et mener à bonne fin la concession d'un réseau de Tramways :

1° La demande en concession doit être adressée au Préfet du département et à cette demande on joint :

a. — Le plan général au 1/10000 indiquant les lignes projetées et les rayons des courbes.

b. — Le profil type de la voie simple et de la voie double, représentant le mode de construction à grande échelle.

c. — Pour chaque ligne, les profils en travers types de la route suivie, avec indication de l'emplacement de la voie, et des plans partiels avec profils en travers et en long au besoin, des passages de sujétion, tels que parties courbes, sinueuses, rétrécies ou présentant toute autre circonstance particulière. (*Lorsque le pays est accidenté, les profils en long doivent être établis pour toute l'étendue des lignes.*)

d. — Un mémoire descriptif contenant tous les renseignements nécessaires pour l'intelligence du projet, notamment ceux qui intéressent le maintien de la libre circulation des voitures ordinaires.

e. — Les tarifs proposés et les conditions de leur application.

f. — Un projet de cahier des charges, inspiré par celui des Tramways de Lille.

2º Le dossier présenté par l'intéressé est soumis à l'avis des Ingénieurs des Ponts-et-Chaussées du service ordinaire, avant d'être adressé au Ministère des travaux publics par le Préfet du département.

3º Le Ministre des travaux publics, avant de prendre en considération la demande de concession, consulte le conseil général des Ponts-et-Chaussées ; puis, s'il y a lieu, autorise le Préfet du département à soumettre le projet à l'enquête d'utilité publique conformément à l'ordonnance royale du 18 Février 1834.

4º Le Préfet prend un arrêté ordonnant l'enquête, qui doit durer 20 jours, et nomme en même temps les membres de la Commission d'enquête qui doit donner son avis, tant sur le projet présenté que sur les observations auxquelles il aurait donné lieu.

5º Le Préfet du département doit, avant de transmettre le dossier au Ministre avec ses propositions, prendre l'avis de la Chambre de Commerce et celui des ingénieurs du Service ordinaire.

6° Le Ministre des Travaux publics, avant de donner son avis, consulte le Conseil Général des Ponts-et-Chaussées, puis, s'il y a lieu, soumet au Conseil d'Etat le projet de décret accordant la concession.

7° Avis du Conseil d'Etat et décret d'utilité publique.

Si le décret d'utilité publique est rendu au profit d'une ville, et si celle-ci veut rétrocéder à une Compagnie la concession qui lui a été accordée, cette mesure doit être sanctionnée par un nouveau décret rendu en Conseil d'État, après avis du Conseil général des Ponts-et-Chaussées ;

8° Production et remise au Préfet du département du projet d'ensemble des lignes, comprenant :

a. — Plan général des lignes au 1/10000.

b. — Plan de chaque ligne au 1/500.

c. — Profil en long de chaque ligne à la même échelle, avec profils en travers au 1/200.

d. — Détails de construction des voies.

e. — Profils en travers types.

f. — Plan et élévation des voitures.

g. — Mémoire descriptif et justificatif.

9° Le projet remis par l'intéressé est soumis à l'avis des Ingénieurs des Ponts-et-Chaussées du service ordinaire. Il est ensuite transmis au ministre, avec les propositions du Préfet du département.

10° Le Ministre statue sur le projet d'ensemble des lignes, après avis donné par le Conseil général des Ponts-et-Chaussées ;

11° Production et remise au Préfet du département des projets d'exécution et de détails des ouvrages des diverses lignes comprenant :

a. — Plan de chaque ligne au 1/500.

b. — Profils en travers au 1/100, indiquant la position des voies dans les parties difficiles.

c. — Détails d'exécution à grande échelle, indiquant toutes les parties constitutives de la voie.

12° Après l'approbation par le Préfet des projets d'exécution, on peut mettre la main à l'œuvre ;

13° Avant la mise en exploitation, les voies doivent être reçues par les Ingénieurs chargés du contrôle, et leur procès-verbal doit être homologué par le Préfet du département. La réception générale et définitive est faite dans la même forme et aussitôt après l'achèvement de tous les travaux compris dans la concession.

Il est facile de reconnaître après l'énumération qui précède, que le gouvernement a soumis les Tramways, pour toutes les formalités à remplir, à la législation qui régit la construction et l'exploitation des lignes de chemin de fer à locomotives. Cette assimilation a le grave inconvénient de faire perdre un temps considérable ; ainsi à Lille, où la demande en concession a été adressée le 3 juillet 1871, l'autorisation préfectorale, approuvant les projets de détails, n'était pas encore rendue le 1er mars 1875, malgré tous les efforts qui ont été faits par l'administration municipale pour atteindre ce but le plus promptement possible. Les formalités ont donc duré près de quatre ans.

Il y a lieu d'espérer que l'administration supérieure, qui n'hésite jamais à provoquer les améliorations commandées par l'intérêt général, reconnaîtra bientôt que les formalités à remplir en ce qui touche les Tramways, qui ne jouissent pas d'ailleurs de tous les priviléges des grandes voies ferrées, pourraient être considérablement simplifiées, si, après une réglementation très-précise du gouvernement, on laissait aux préfets le soin d'accorder les autorisations.

TABLE DES MATIÈRES

I. Essais divers exécutés à Lille avant l'adoption définitive de la voie avec rail et contre-rail. 9

II. Principe de la voie système Léon Marsillon ; sa comparaison avec les voies américaines, belges et françaises 13

III. Description des divers éléments qui entrent dans la composition de la voie de Lille. — Calculs de résistance 18

IV. Exécution des travaux. — Prix de revient 37

V. Entretien et réparations 49

Appendice contenant la nomenclature des formalités administratives qu'il faut remplir pour être autorisé à construire et exploiter une ligne ou un réseau de Tramways 52

Lille. Imp. Camille Robbe.

Pl. I.

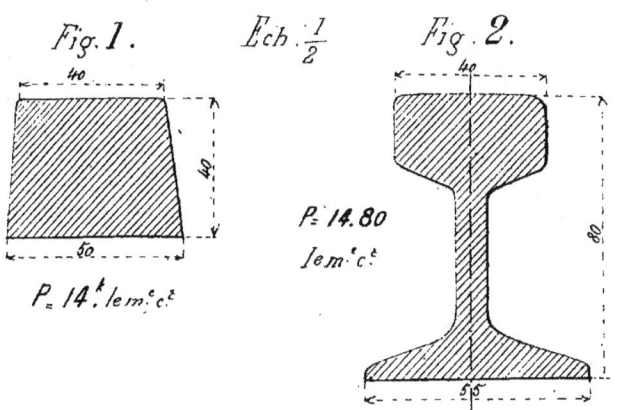

Fig. 1. Ech. 1/2   Fig. 2.

$P = 14^k 1 e m^c c^t$ $P = 14.80$ $1 e m^c c^t$

Fig. 3. (Ech. 1/2).

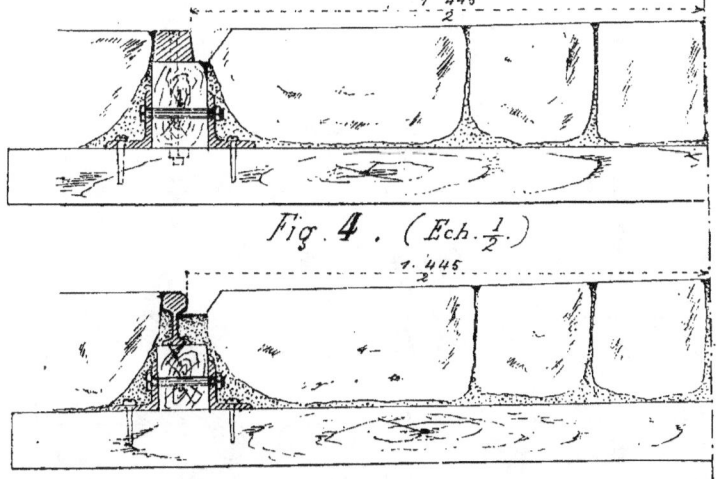

Fig. 4. (Ech. 1/2.)

Plan commun aux Fig. 3 et 4.
(Ech. 1/10)

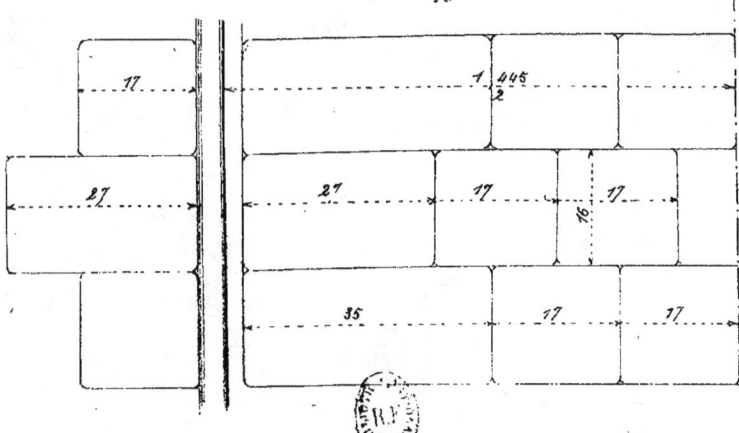

M. E. del

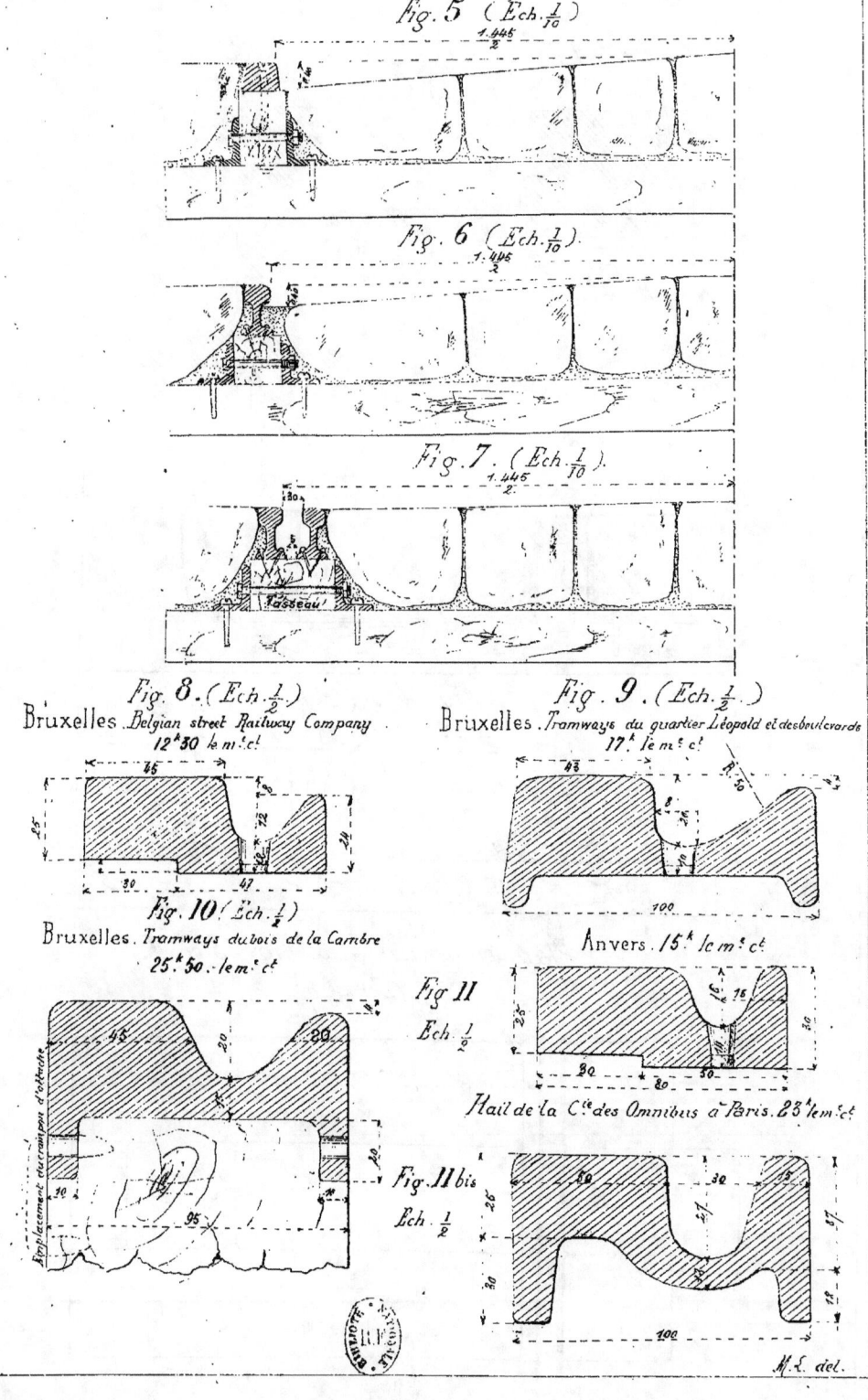

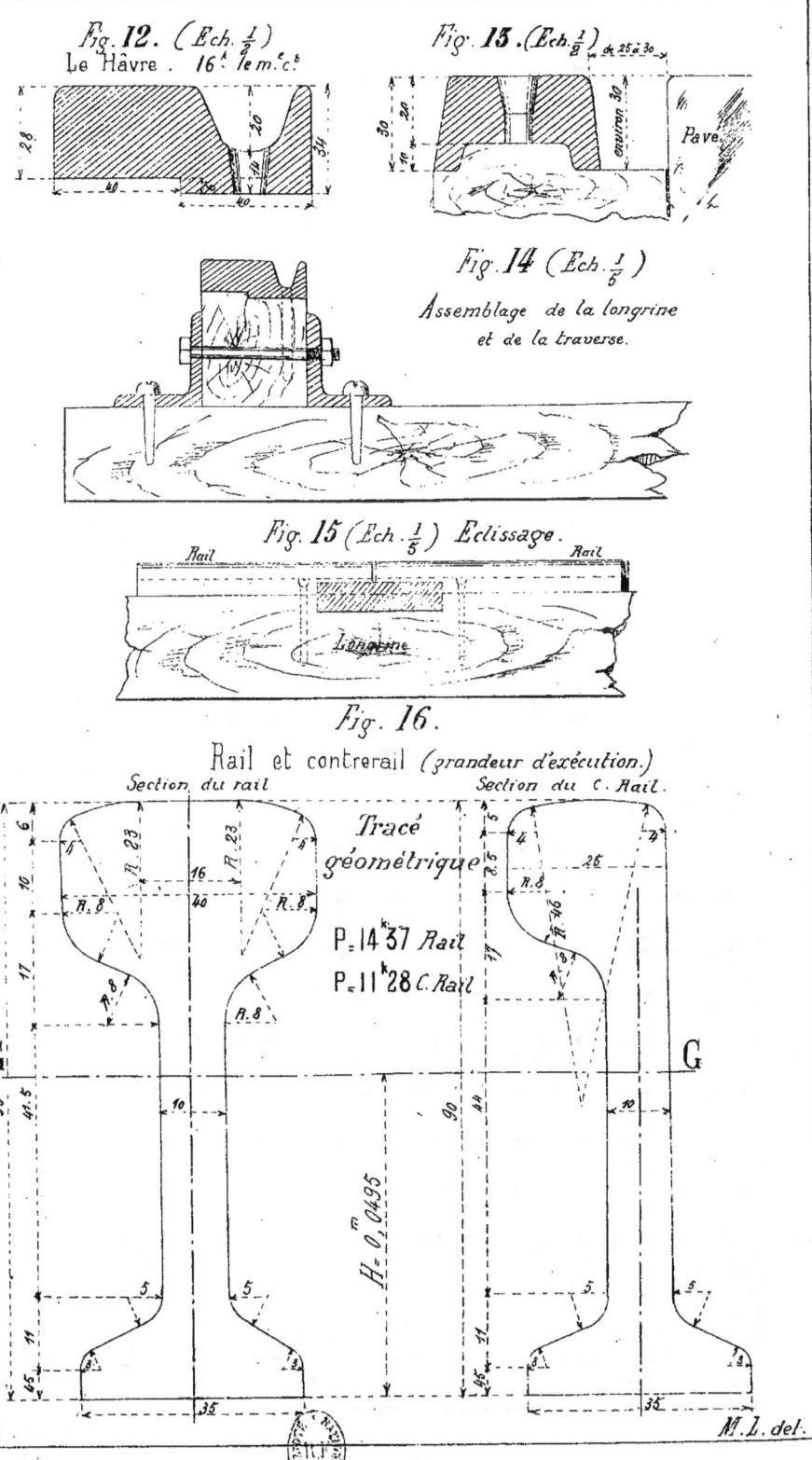

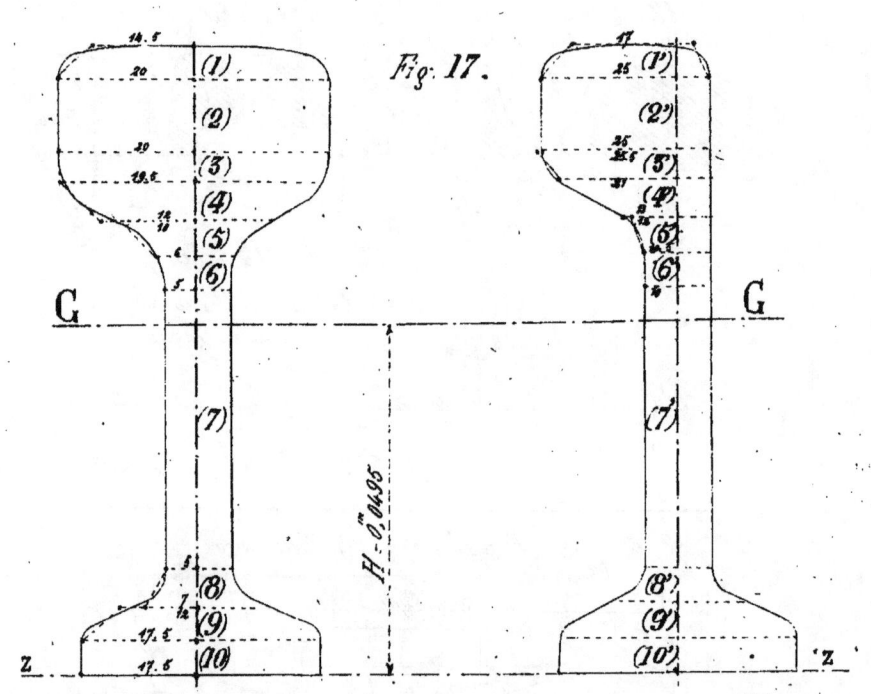

Fig. 17.

Pl. V

Fig. 18.
Coussinet ($\frac{1}{5}$ grandeur.)
Coupe suivant ABCD.

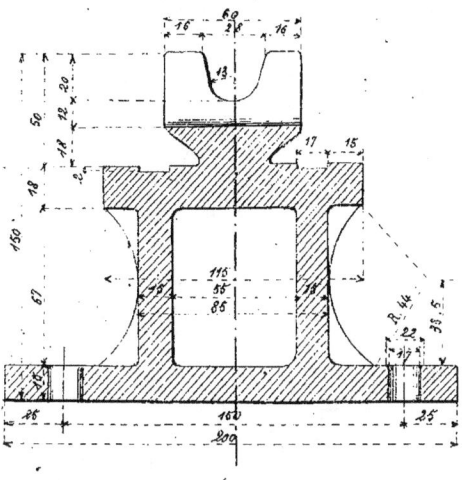

Plan

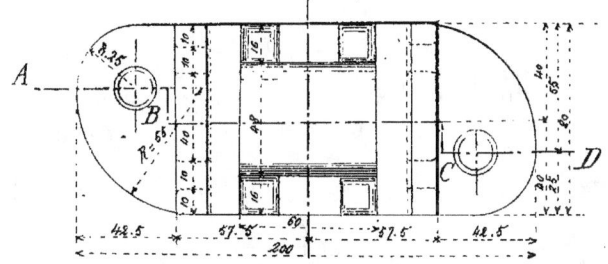

Fig. 19. (Ech. $\frac{1}{2}$)
Tirefond P= 0^k.130
(a.)

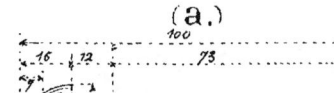

Fig. 20
Boulon à tête carrée (b) Ech. $\frac{1}{2}$
P= 0^k.250 Coupe suiv^t AB.

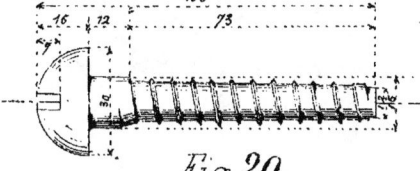
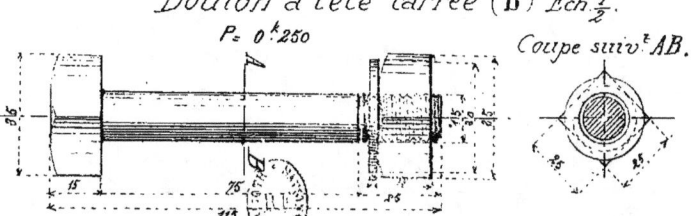

M. E. del

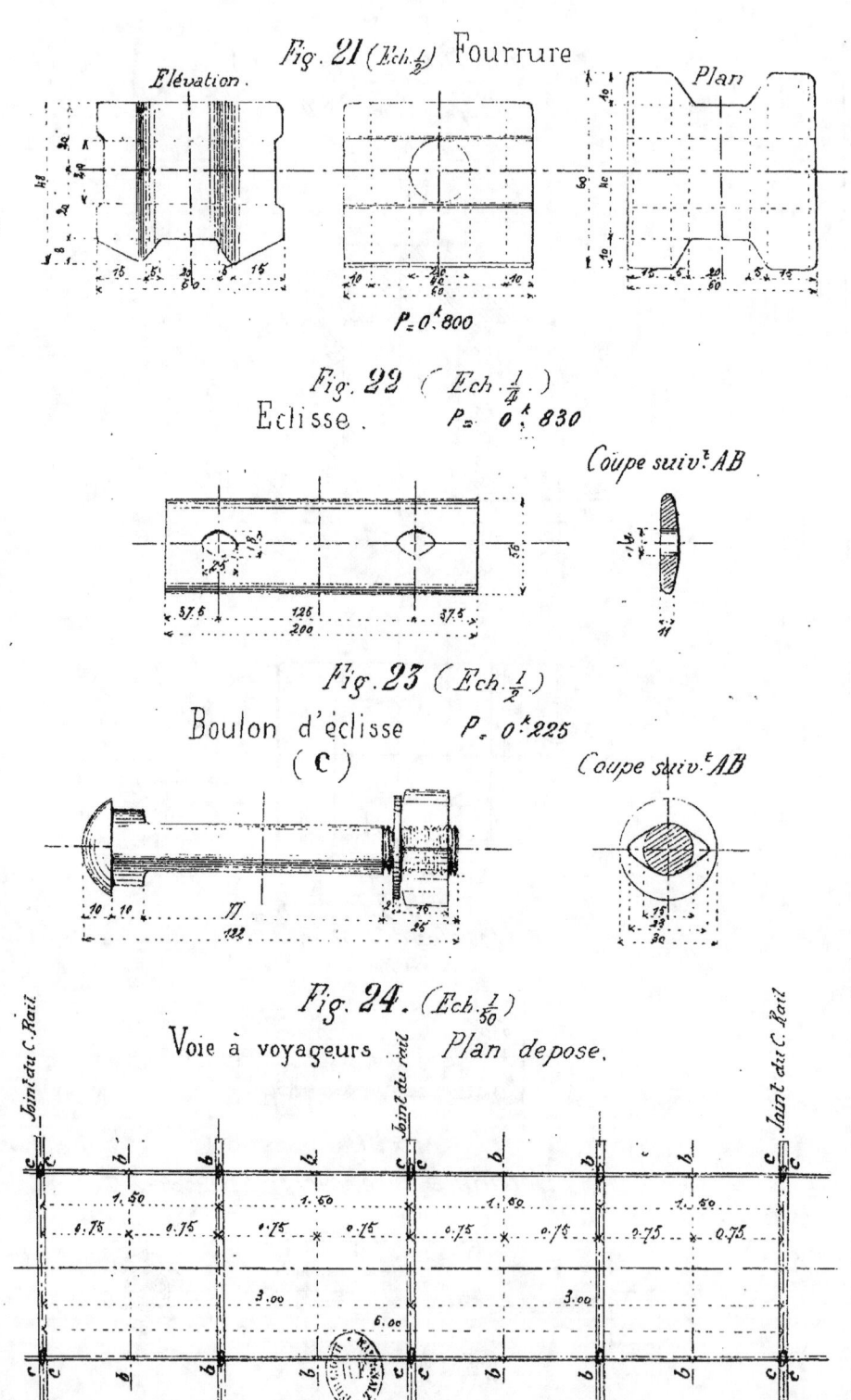

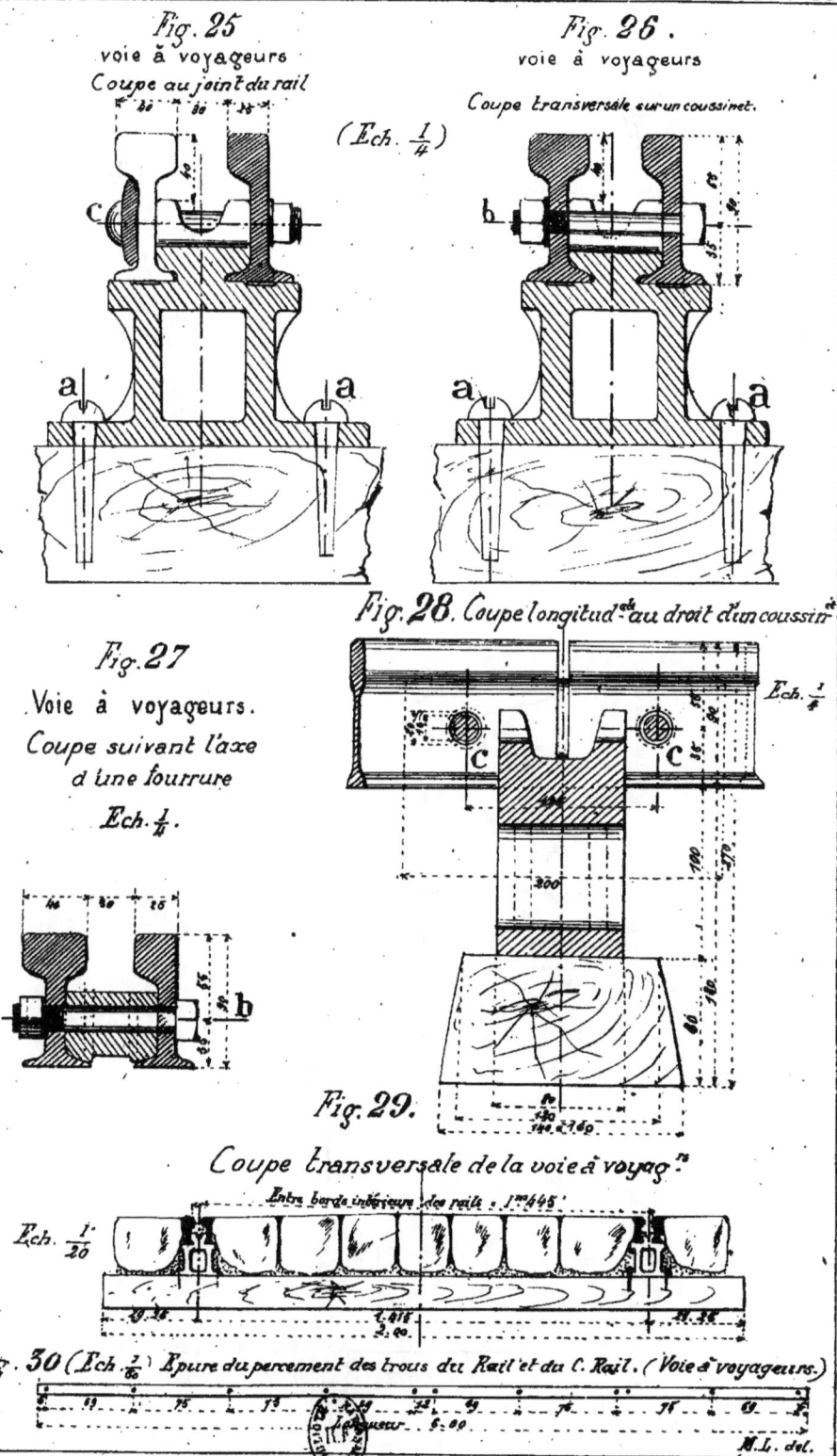

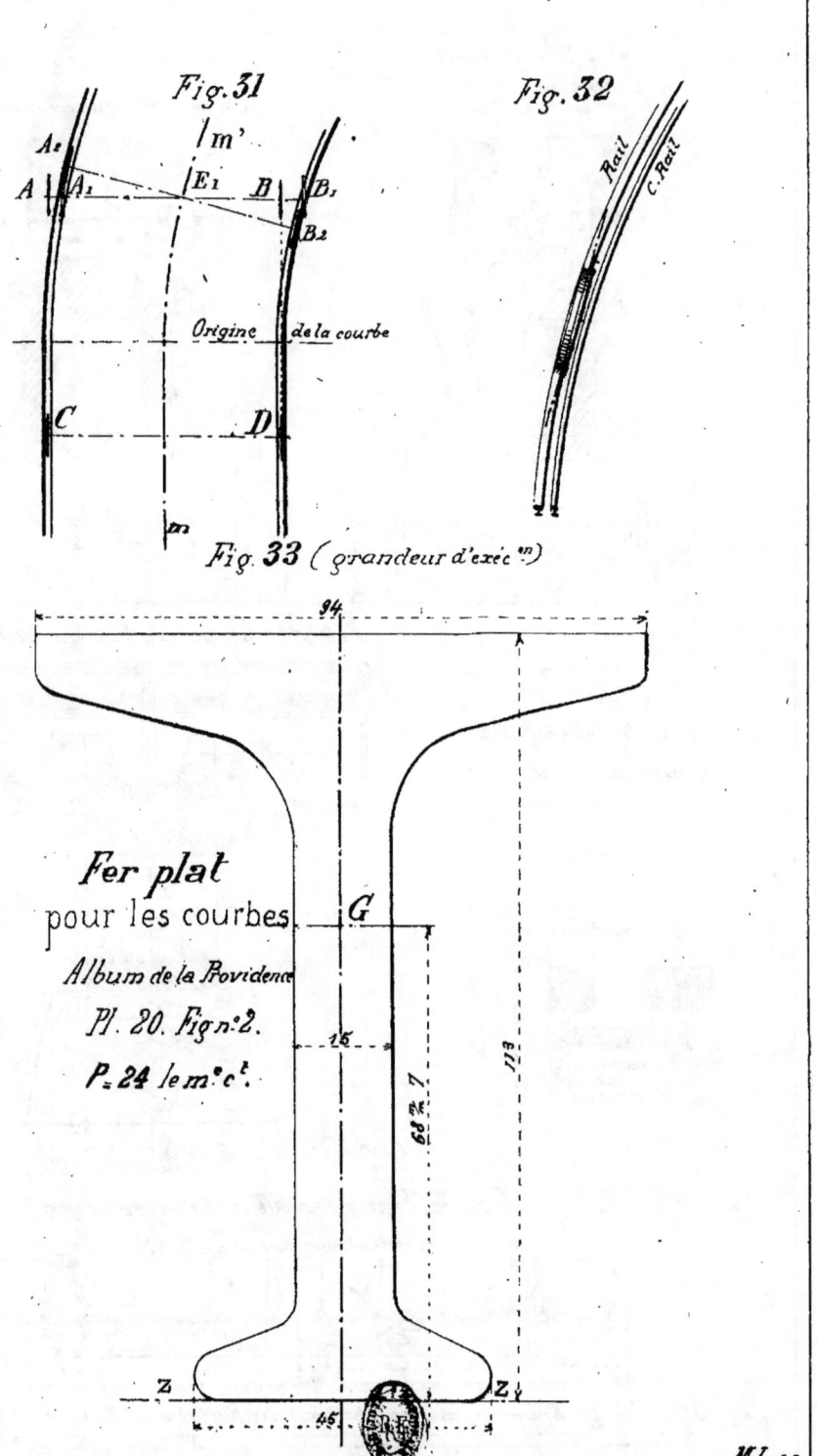

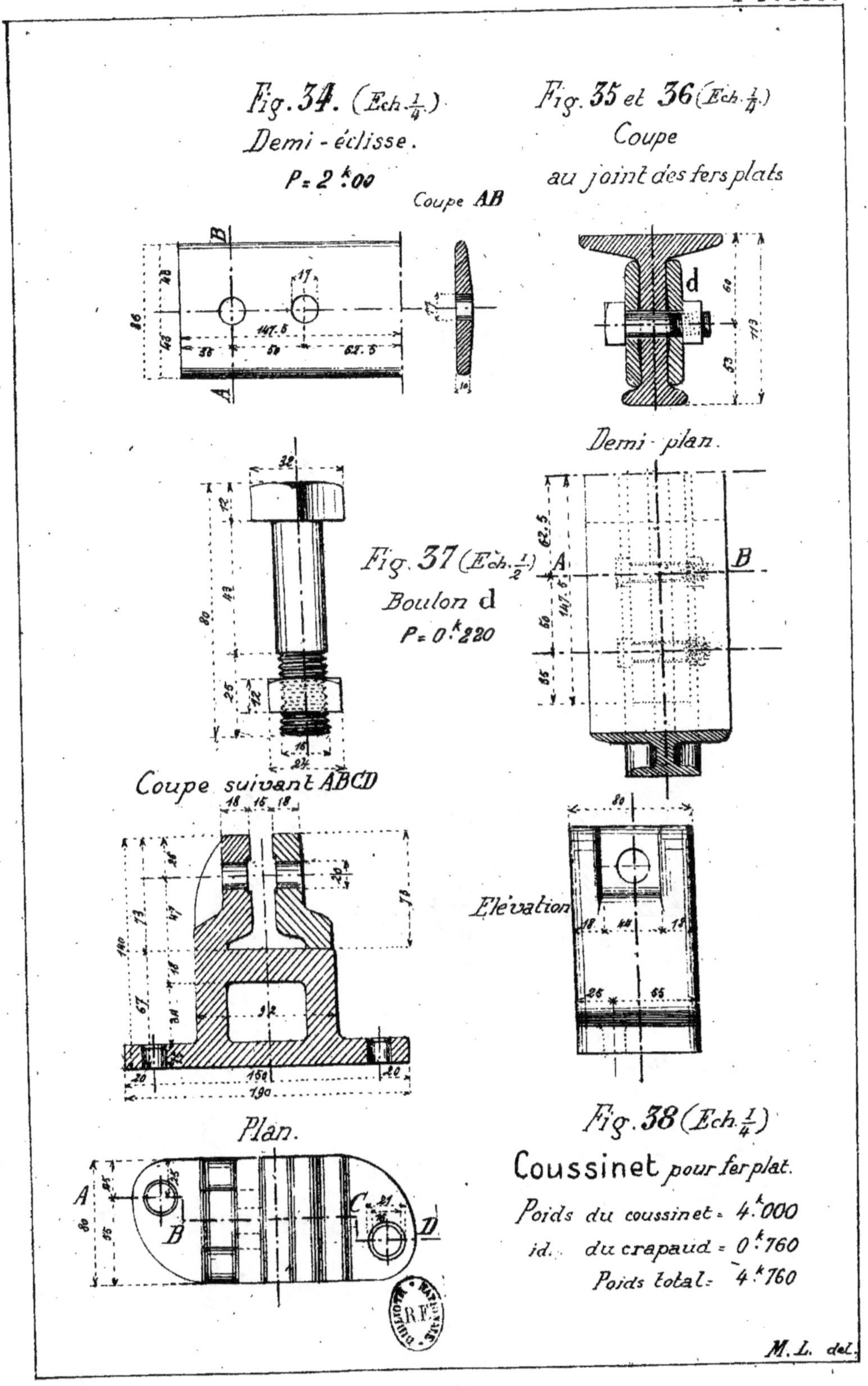

Pl. IX.

Fig. 34. (Ech. ¼.)
Demi-éclisse.
P = 2ᵏ.00

Coupe AB

Fig. 35 et 36 (Ech. ¼.)
Coupe
au joint des fers plats

Demi-plan.

Fig. 37 (Ech. ½.)
Boulon d
P = 0ᵏ.220

Coupe suivant ABCD

Elévation

Plan.

Fig. 38 (Ech. ¼.)
Coussinet pour fer plat.
Poids du coussinet = 4ᵏ.000
id. du crapaud = 0ᵏ.760
Poids total = 4ᵏ.760

M. L. del.

Pl. X

Fig. 39 (Ech. ¼)
Coupe au droit d'un coussinet.

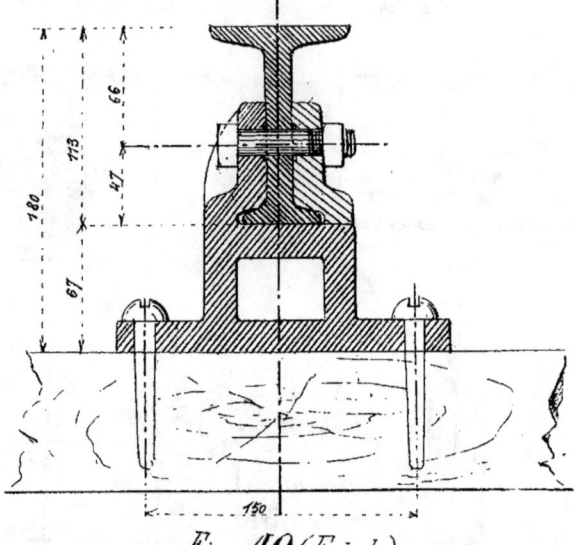

Fig. 40 (Ech. ⅓)
Assemblage à mi-bois du chassis de traversée.

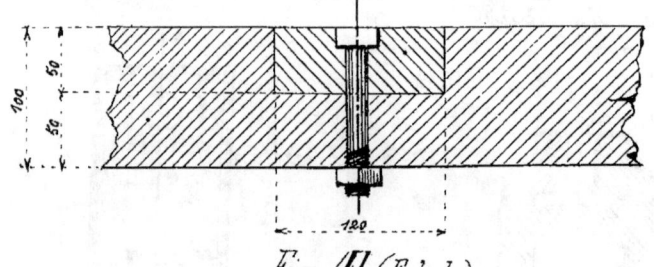

Fig. 41 (Ech. ½)

Coupe suiv.ᵗ AB — Plan — Elévation.

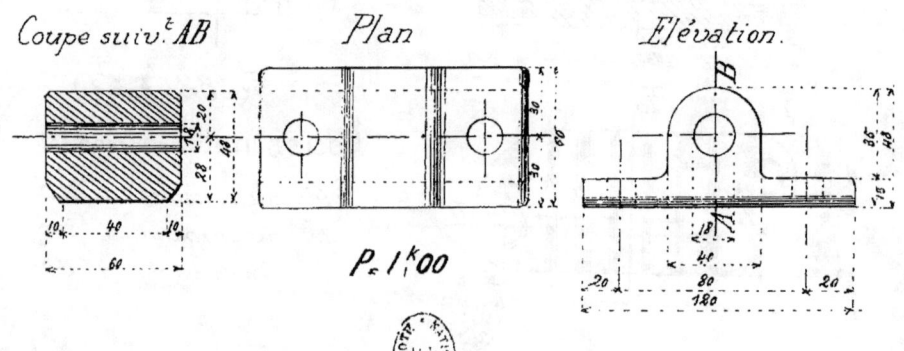

P = 1ᵏ00

M.L. del.

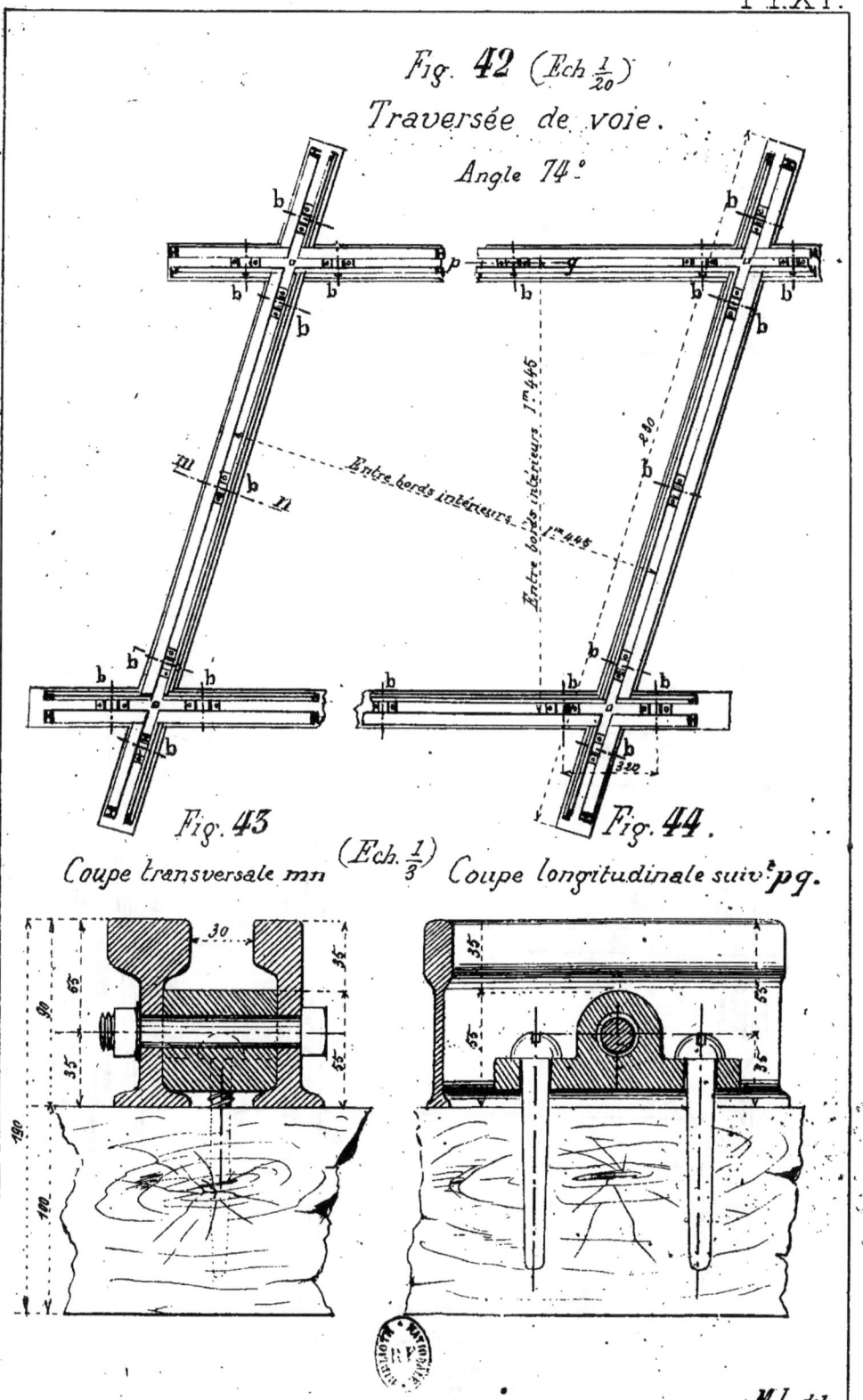

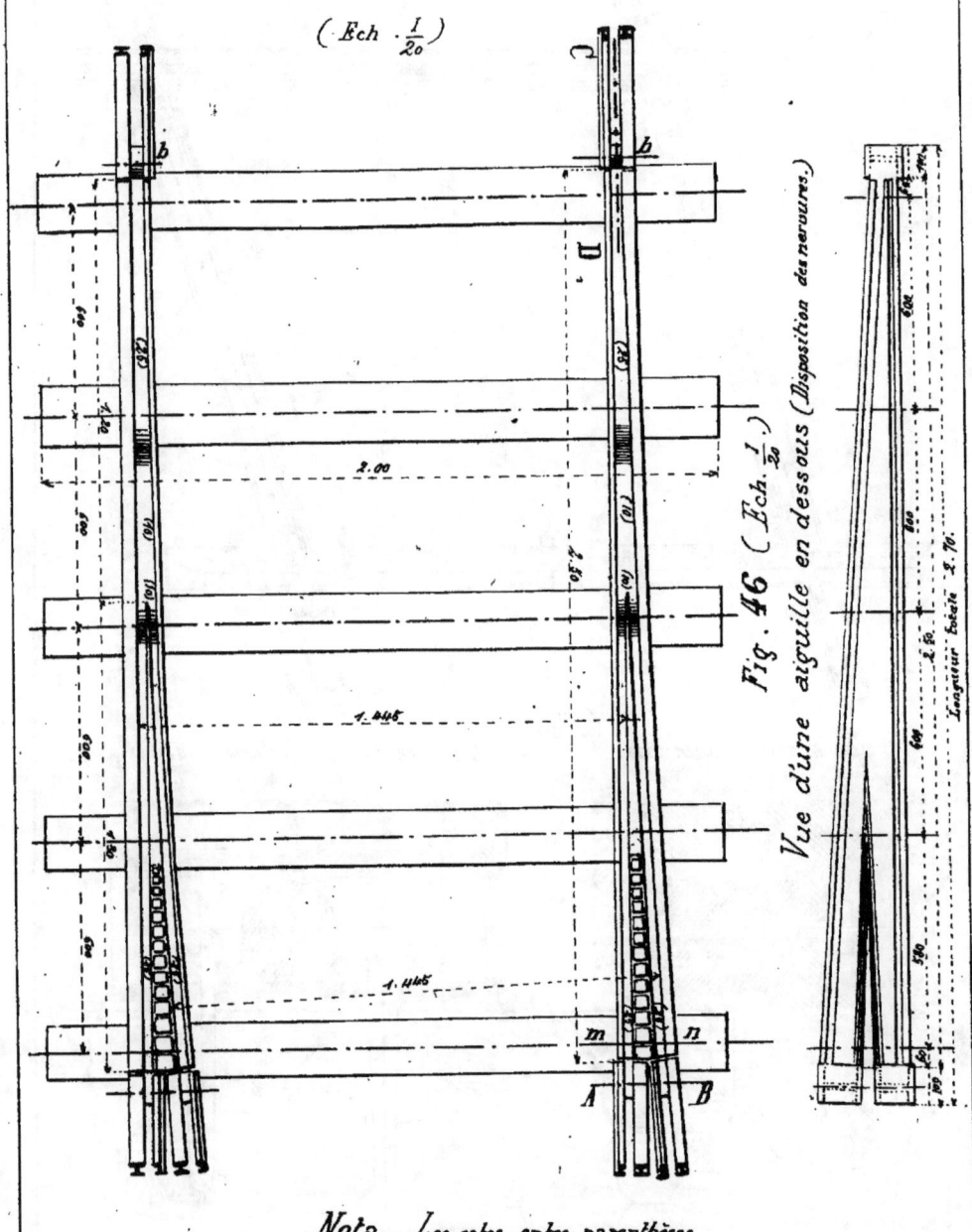

Fig. 45.
Plan de pose d'une aiguille de bifurcation.
(Ech. 1/20)

Fig. 46 (Ech. 1/20)
Vue d'une aiguille en dessous (Disposition des nervures).

Nota.— Les cotes entre parenthèses désignent les profondeurs d'ornière.

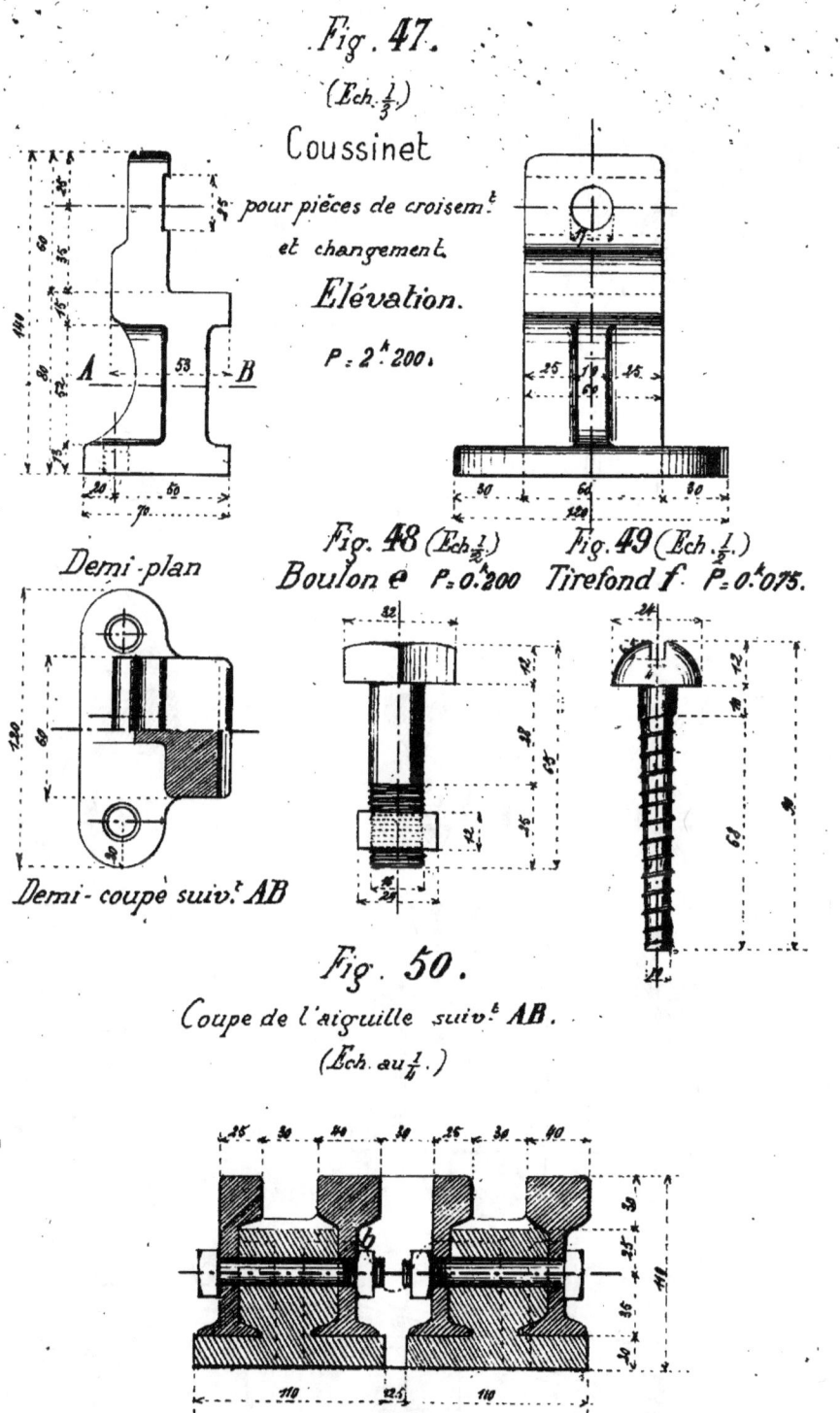

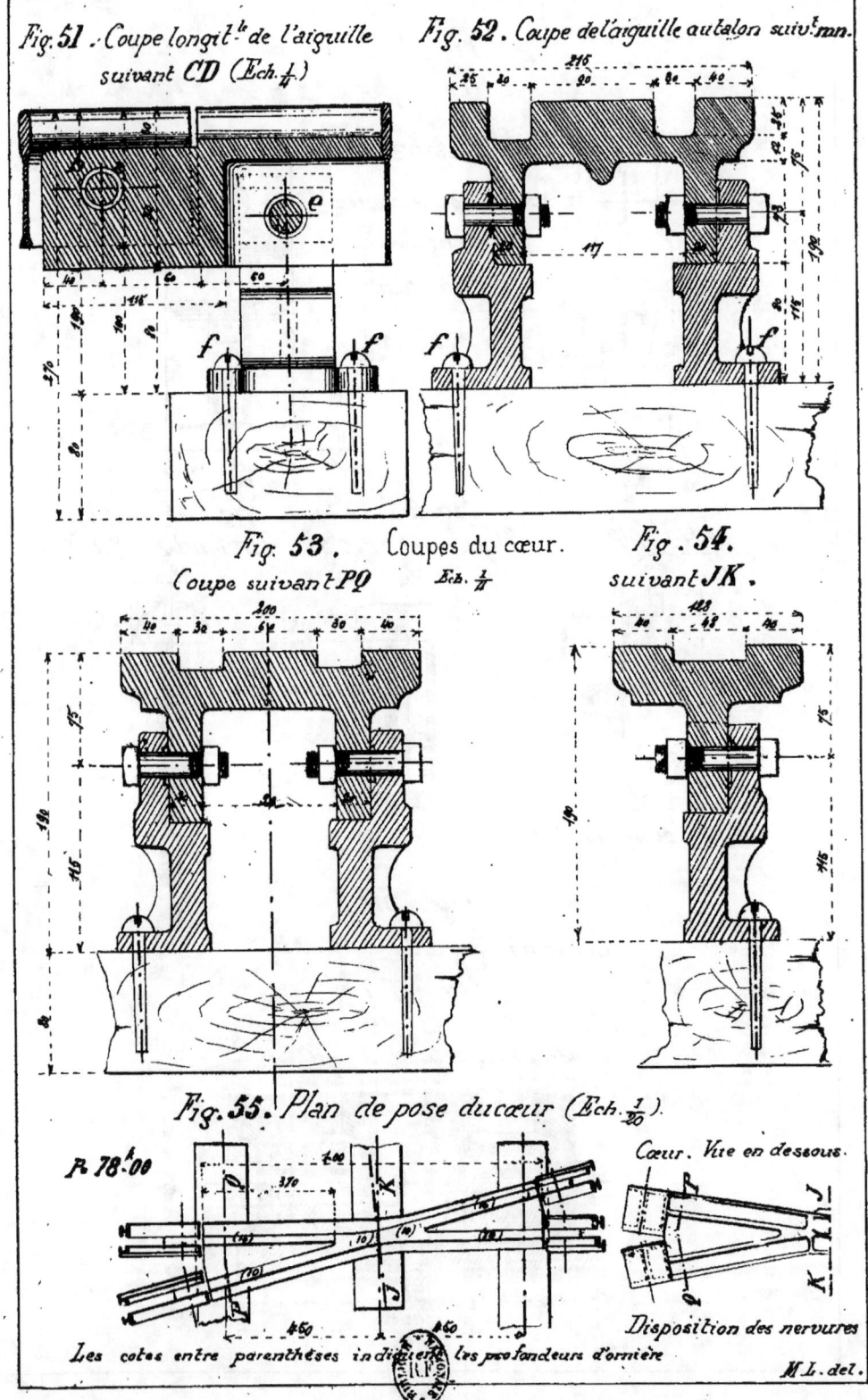

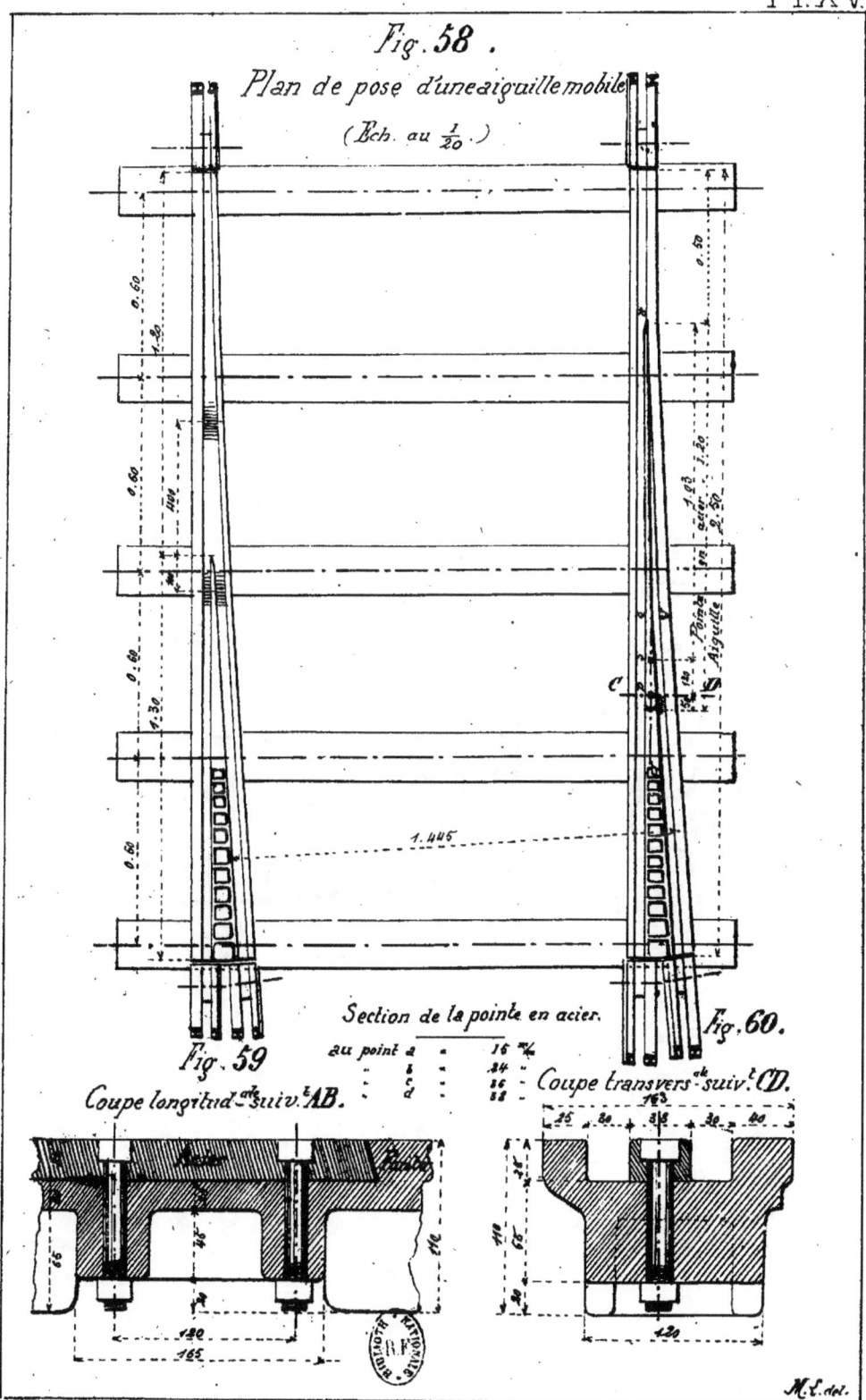

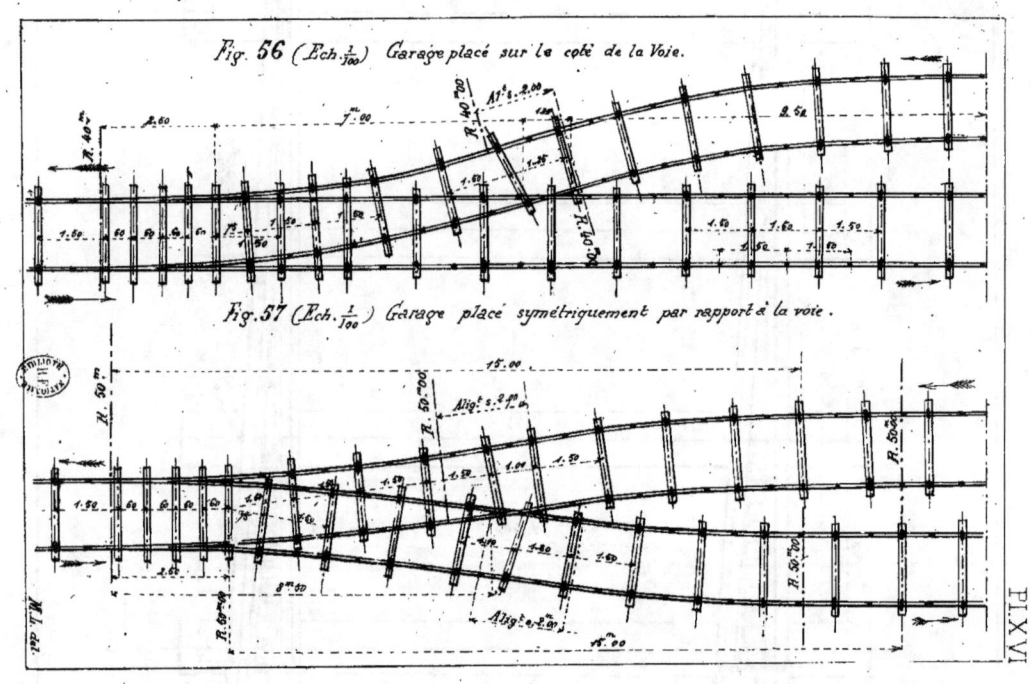

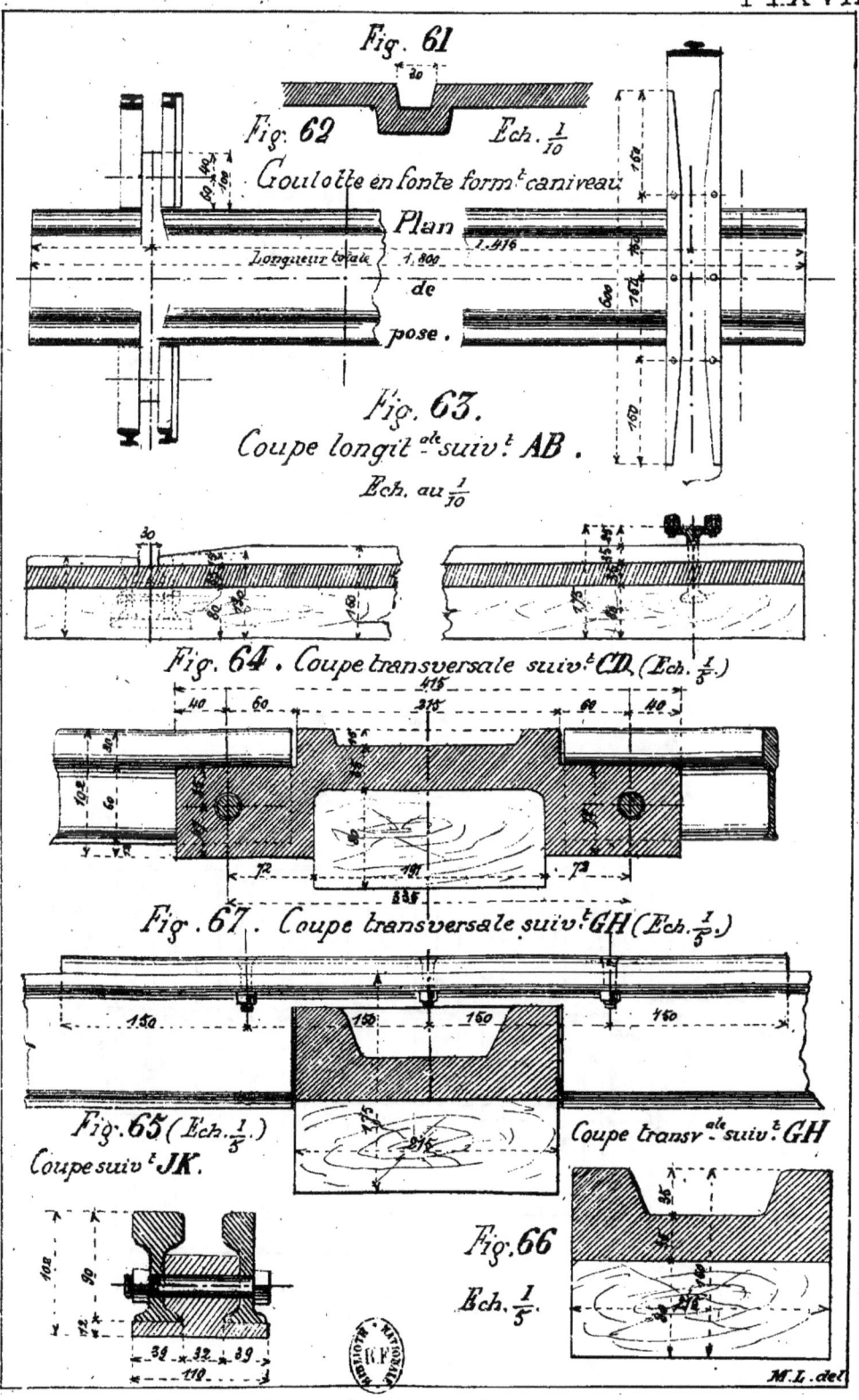

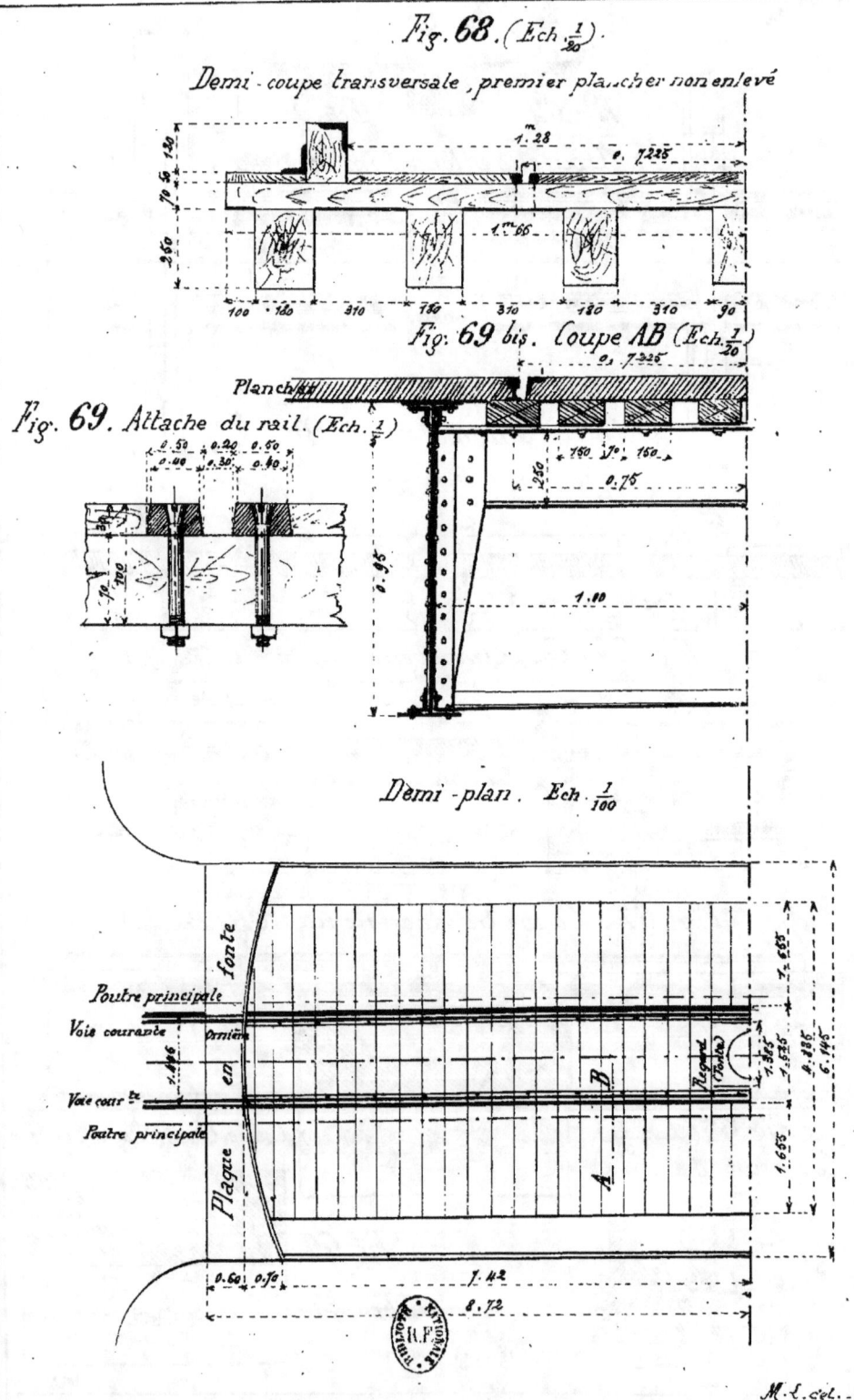

Pl. XIX

Fig. 70. Ech. 1/5. Coupe de la chaussée macadamisée

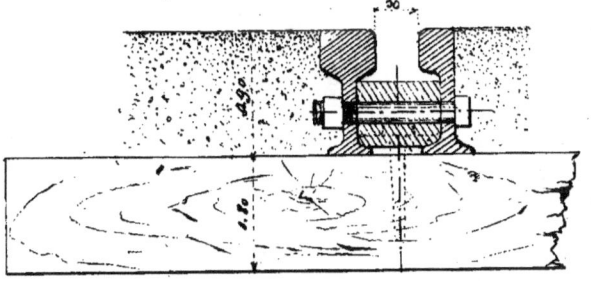

Fig. 71. (Ech. 1/4)
Voie à marchandises.. Coupe au joint du rail

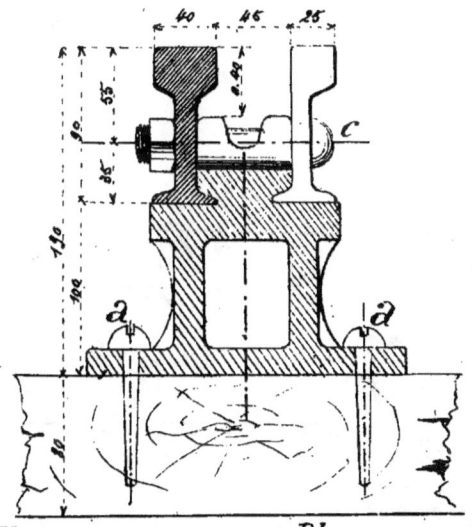

Fig. 72. Voie à marchandises. Plan de pose (Ech. 1/50)

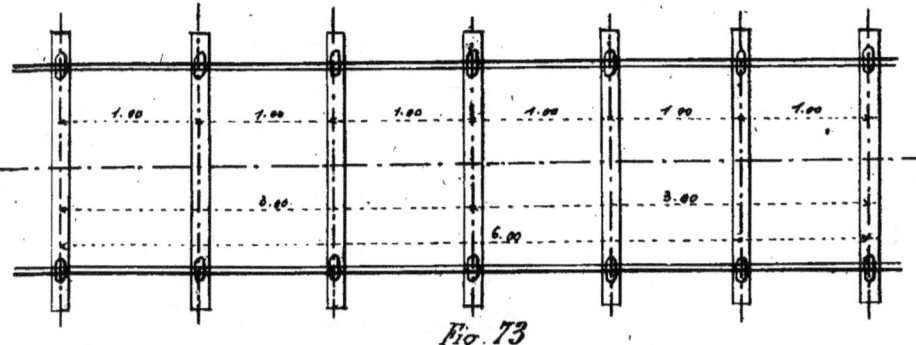

Fig. 73
Épure du percement des trous dans le Rail et le C. Rail (Voie à marchandises.)

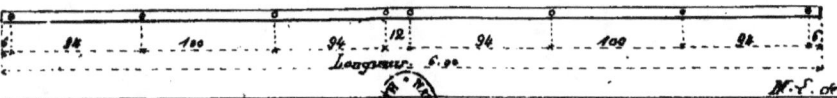

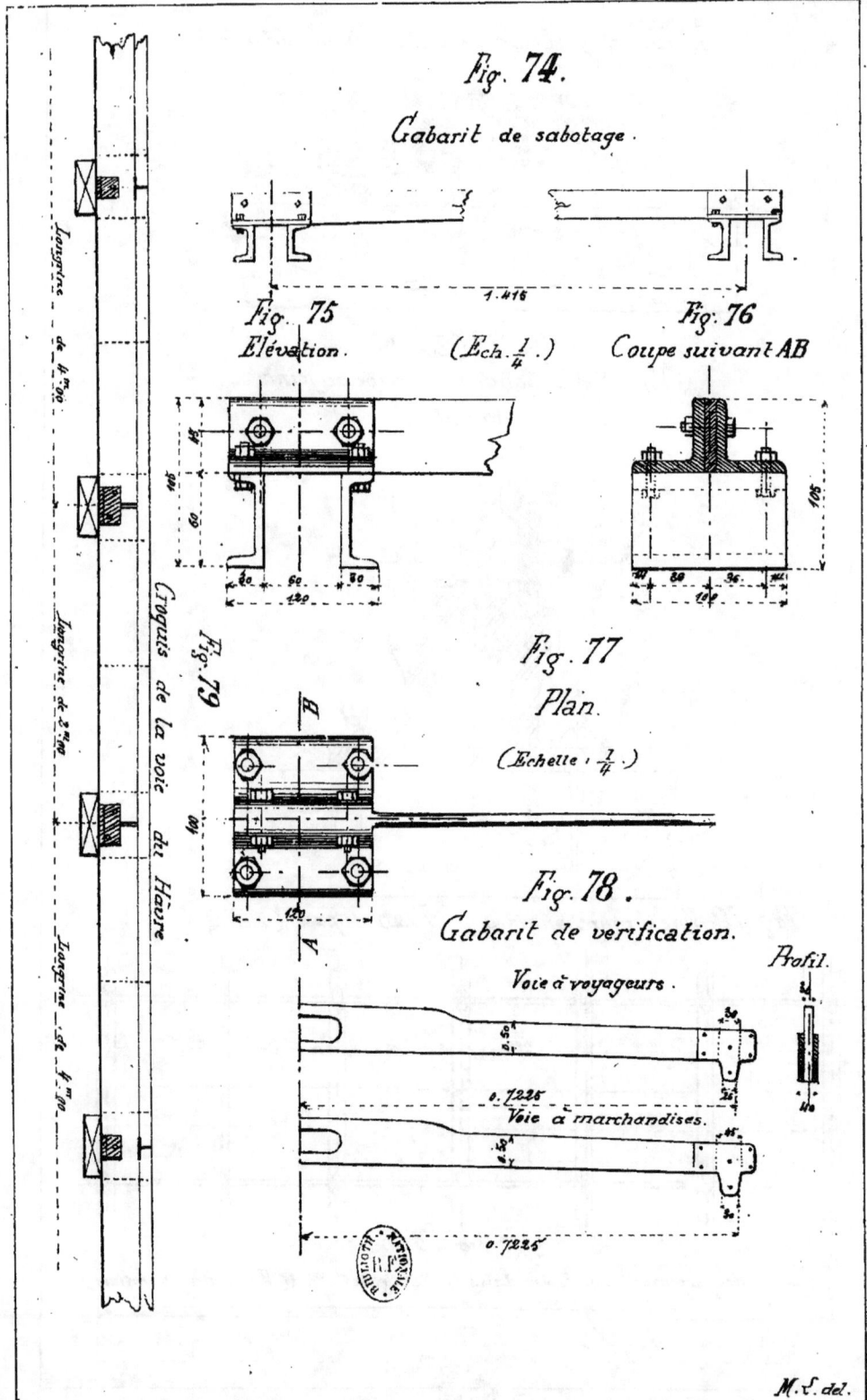

Fig. 74. Gabarit de sabotage.

Fig. 75. Élévation. (Éch. ¼.)

Fig. 76. Coupe suivant AB

Fig. 77. Plan. (Échelle : ¼.)

Fig. 79.

Fig. 78. Gabarit de vérification. Voie à voyageurs. Profil. Voie à marchandises.

Croquis de la voie du Havre

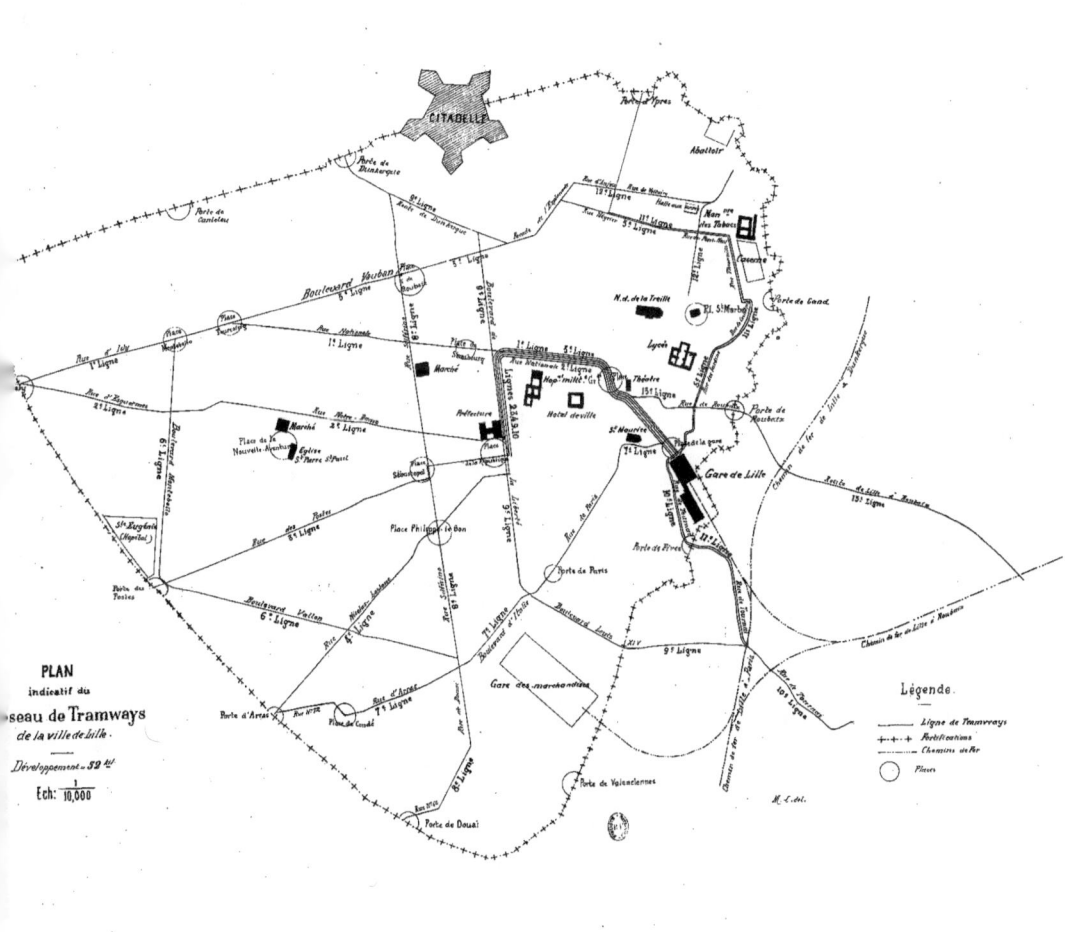

www.ingramcontent.com/pod-product-compliance
Lightning Source LLC
LaVergne TN
LVHW051504090426
835512LV00010B/2335